clés
et
ébauches de clés

ISBN 2-909-422-40-2

olivier bardet

clés
et
ébauches de clés

encre marine

Je ne dirai pas : « Que nul
n'entre ici s'il est philosophe ! »
Je ne suis pas élitiste à ce point.
(H. Deschoux-Berval)

Crépuscule des images

Un verre d'eau sucrée, ce n'est pas ma tasse de thé.

Pourtant si je veux m'en préparer une, si j'y mets du sucre – j'en mets pour celui de cinq heures (non ! ce n'est pas vrai ! il est déjà si tard ?) – alors, oui ! – bon gré mal gré, je dois attendre qu'il fonde.

Que ce petit fait soit gros d'enseignements, je n'en suis pas sûr ; du moins n'est-il pas sans analogue.

Ainsi l'ordinateur, et la patience dont il faut s'armer face à l'écran : je ne suis pas le seul à le trouver long à s'allumer.

Du noir, puis de la grisaille, émergent lentement, trop lentement, des couleurs, puis des formes ; il leur faudra encore d'autres délais pour commencer de préciser les figures des documents : feuillets, casiers, valises…, aux bords tranchés et coupants, dont alors seulement on pourra entreprendre de tirer le texte au clair.

Il faut conserver son calme, sinon tout se complique.

S'impatienter, c'est s'exposer à des questions et remarques désobligeantes, interrogations pressantes, menaces, injonctions, objurgations, mises en garde, interdits, réitérations.

Voulez-vous enregistrer ?

Tout cela ? le voulez-vous *vraiment* ?

Sous quel nom ?

Celui-là est déjà pris : cherchez en d'autres !

Recommencez ! Vous vouliez enregistrer ?

Au nom de qui ? De quoi ?

Voulez-vous continuer quand même ?

Tout recommencer ? Vous arrêter ?

Tout arrêter ? Tout effacer ?

Voulez-vous *vraiment* tout effacer ?
Tout effacer ?

Pas tout ?
Alors : quels noms voulez-vous retenir ?
Qu'est-ce que vous attendez ?
L'heure tourne : vous me faites attendre !
Réveillez-vous !

Et encore, c'est en anglais qu'on vous en donne l'ordre : à croire qu'en France on ne dort pas, ou qu'on ne se réveille plus.

De quel droit vous parle-t-il sur ce ton ?

Si on ne trouve pas le moyen de prendre ses distances, ça n'arrête plus, les questions – et les couleurs s'en mêlent : il vous en fera voir de toutes.

Mieux vaut garder son sang-froid, s'en tenir d'abord, pour un temps, à cette lumière crépusculaire dans laquelle scènes et visages, cris, émotions, contributions, crises, écarts, écrits... peinent à se détacher.

Pour les plus récents, c'est souvent à croire qu'ils ont tout à fait disparu, jusqu'à ce que l'insistance d'une demande, la bizarrerie d'une association, l'instance d'un rappel, ou le surgissement d'une coïncidence les profile dans le lointain.

D'autres, plus anciens, ne s'annoncent parfois que par leur nuance, leur odeur, ou leur saveur presque, insaisissable ou fugitive.

S'ils reviennent ensuite, plus ou moins débarrassés de ces retentissements devenus alors précurseurs, c'est dans bien des cas avec la vivacité illusoire, comme hallucinatoire, d'une familiarité, d'une proximité, et d'une précision qui les propulsent sur le devant de la scène.

Question, sans doute, d'oxygénation des cellules cerébrales.

N'importe !

C'est dans cette lumière qu'il faut s'orienter, c'est elle qu'il faut projeter sur ces masses indécises.

Il arrive aussi au crépuscule d'être ce qui donne aux choses leur relief, entre la lumière crue et plate du grand jour, et leur disparition dans la nuit.

Tant qu'on y voit encore un peu clair, je me retournerai pour jeter un coup d'œil sur des chemins en lesquels je me suis rencontré dès ma jeunesse : je ne sais si j'ai eu beaucoup de bonheur à le faire.

Les considérations et maximes auxquelles il m'ont conduit, la méthode que j'en ai formée, ne sont pas, peut-être, bien recommandables à nos neveux.

Il me semble qu'elles leur peuvent donner moyen d'augmenter par degrés aussi bien leur souffrance que leur connaissance, et que leur jouissance, et de les élever toutes trois à un point d'exacerbation plus haut encore que celui auquel la durée de ma vie, la fantaisie de mon désir, et la médiocrité de mon esprit leur ont permis d'atteindre.

Pour apprécier quant à moi les fruits, doux et amers, voire empoisonnés, que j'en ai recueillis, je tâcherai toujours de pencher vers le côté de la défiance.

Attendre et voir ?

Les couleurs s'emmêlent, laissant subsister quelques nuances avant la nuit, et voilà que quelques-unes d'entre elles se ravivent : anarchie, colère, communisme, confusion, dépression, deuil, gaîté ou gaytude, honte, insomnie, joie, masochisme, mièvrerie, obscurité, optimisme ou pessimisme, sadisme, timidité… que sais-je encore ?

Noir, rouge, rose.

Il y a mieux comme drapeau, mais beaucoup d'ensembles plus seyants sont déjà pris, et l'on fait avec ce qui vous tombe sous la main.

C'est comme l'âge, et les noms.

Eux, il y en a autant ou plus de faux que de vrais : on prend ceux qu'on trouve.

Pour l'âge, c'est un peu la même chose : de quoi on a l'âge, tout le monde le sait.

C'est par exemple, en ce qui me concerne, le boulevard Richard-Lenoir et celui du Jeu de Paume, la rue Jouffroy et la route de Grasse, le cours du Chapeau Rouge et le quai Malaquais, la rue de la Pompe et celle de la Loge, le boulevard Malesherbes et celui de Riquier, la rue David Johnston ou celle du Gros Horloge – et aussi, plus modestes, mais tenant dignement leur rang dans les circuits de la mémoire, ses courts-circuits, coupe-circuit et coupe-gorge, la rue Royer-Collard et la rue Malebranche, bien d'autres chemins encore, certains ou non, en lesquels je me suis trouvé.

De noms comme ceux-là, d'autres peuvent faire des livres d'images.
Les miennes ont pâli, les noms manquent ou se cachent ?
Alors, que d'autres mots y aillent !
Quelques-uns feront l'affaire.

❧

Cochon

LIRE ET DÉLIRE, c'est toujours s'écrier : cochon qui s'en dédit !

J'ai été nourri au lait dans mon enfance, mais je n'avais pas trois mois qu'un mets riche en poivre, ail ou safran, piment, curry, ou autre allèchement qui l'avait rendu désirable à ma mère, m'en rendit – c'est du moins ce qu'on m'a rapporté – le sein impraticable.

J'avais encore assez de volonté et d'indépendance pour le refuser à jamais, au risque de la vie.

L'attention familiale et médicale m'ayant ramené à celle-ci par le biais d'une alimentation mieux estampillée, j'entrai précocement dans la voie royale qui mène aux études en passant par le verre et le caoutchouc, la stérilisation et le tapioca, le vermicelle et les pâtes miniatures en forme de lettres dont on amuse les yeux du bouillon et le regard des petits enfants.

Bref, j'ai été nourri aux lettres dès mon enfance, j'ai su très vite lire et écrire.

Mais comment !

J'aurais sans doute été plus avisé de prendre mon temps, et n'y aurais pas manqué si j'avais eu encore le droit à la parole.

Ce n'était, cette fois, plus le cas.

« Quand tu sauras lire… », « Quand tu sauras écrire… », etc. : le devoir d'être un génie précoce faisant honneur à ses parents prime tous les droits.

Donc, je n'ai cessé de pêcher des crapauds dans l'encrier, de faire des pâtés sur mes cahiers et mes cartes postales, de tacher mes tabliers, casser mes mines, perdre mes crayons, je me suis mis très tôt à maculer, froisser, ou déchirer les pages, à abandonner les livres que j'avais commencés, à laisser de côté ceux que j'aurais dû lire, à passer sans y prêter attention par-dessus chapitres et paragraphes, sans parler d'autres livres, ceux dont je rêvais, désirs inaccessibles.

Il n'y en a guère que j'aie terminés, et *Le Merveilleux Voyage de Nils Holgersson*... m'a laissé en perpétuel suspens dans les airs, entre les oies et les nuages.

Les seuls dont je sois sûr d'avoir été assez persévérant pour y aller jusqu'au mot : FIN, c'est, beaucoup plus tard, *L'Éducation Sentimentale*, et *Les Illusions Perdues*.

Le même, trop tard encore : il y avait longtemps que celles-ci l'étaient ou auraient dû l'être, à supposer qu'elles le soient jamais vraiment, et celle-là manquée sans remède, à supposer qu'elle soit possible.

D'où aussi, dans la hâte que je me sentais imposée de passer d'une tâche à l'autre, l'incertitude et la confusion : je n'ai jamais su distinguer bien précisément ce qui revient à chacune d'elles, été capable d'écrire sans un journal ou un livre sur la table ou le bureau, de lire autrement que la plume à la main – encore heureux si c'est pour prendre des notes, et non pour me gratter la tête.

Ces adhérences ont pu, sur le tard, me valoir quelque avantage pour commencer d'entrer dans la compréhension de la manière d'auteurs retors, mais dans l'ensemble ce fut à pleurer.

Pleurer d'abord, donc, des pâtés qu'accumulait ma plume, préparant ceux que j'ai accumulés dans l'existence.

Au fait, et à vrai dire, les pâtés ne me font pas toujours pleurer : lorsqu'il sont de campagne, ou de tête, ils m'ont le plus souvent réjoui, de même que, à l'autre bout, les pieds de porc.

Coq à l'âne ?

Pas si sûr, au sens où cette transgression des barrières sémantiques et interspécifiques doit illustrer ma façon d'abattre en les digérant celles qu'a tenté sans trop de conviction de me transmettre une de mes traditions ancestrales, et qui leur sont apparentées, dans la confusion radicale qui forme l'essence des religions : celle de mes parents ou grands-parents n'est pas, on le sait bien, une confession comme les autres, mais leur prototype, la religion par excellence, dans l'éternelle alliance qu'elle instaure entre la vénération de l'écriture et le mépris des suidés, la ritualisation des paroles et celle de la nourriture par la bouche et par la main, l'agitation compulsive qu'elle trimballe cocassement du pur et de l'impur à travers toutes les subdivisions et catégories de la chair et du langage, des gestes et du calendrier, son aptitude exemplaire, pour tout dire, à mélanger la matière et l'esprit pour les culpabiliser l'un par l'autre.

Donc, et c'est peut-être la seule chose que je lui dois, j'ai vite su lire de travers, j'ai longtemps traité mes livres comme un cochon, écrit comme un pied.

Et dans la gloire que me valaient pourtant mes premières classes, j'ai sans cesse connu la honte en Écriture, souvent cédé en Lecture le pas à mes rivaux – à mes rivales plutôt, comme, dans les deux ou trois années d'avant-guerre, Jacqueline Bardot, qui était fille de Général.

À la distribution des prix du début de l'été 39 – c'était la fin de la Huitième, j'étais alors en effet pour la dernière fois, avant du moins les bancs de l'Université (et encore : en hypokhâgne et khâgne à la fin des années 40, dans les Écoles Normales Supérieures au début des années 50, les bancs de la Sorbonne, l'on ne s'y asseyait qu'une ou deux fois l'an) dans une classe mixte, une de ces classes primaires des Lycées à laquelle avaient droit les enfants de ceux qui ont des mœurs, des parents, des principes, du vernis naturel, des gouvernantes, et des amortisseurs, bref, les enfants des classes privilégiées – à la distribution des prix, donc, mon voisin, élève très moyen, lui, mais fils d'Ambassadeur, ne put s'empêcher, à entendre mon nom porté au pinacle, de me glisser à l'oreille, au moment où je trébuchais en me levant pour aller me faire encenser sur l'estrade :

« Ton Excellence ? – eh bien ! mon cochon ! »

Émeute

MON PREMIER SOUVENIR... – mais allez donc savoir s'il est vrai !

Vous, peut-être.

Pour moi, jusqu'à ce que j'en trouve un assurément antérieur, il reste absolument vrai que j'en ai le souvenir.

Donc, je n'avais pas quatre ans que... etc. : voilà que ça recommence !

Bien sûr, et après ?

Ni avant, ni après : c'est, précisément, le 6 février 1934, vers six heures du soir – bon, sur ce point, à une ou deux heures près, même compte tenu de mon incertitude aujourd'hui : pratiquait-on alors l'heure d'hiver ?

Assez tard pour qu'il fasse nuit.

Assez tôt pour que je sois debout : on envoyait, alors, dîner tôt les enfants, puis on les couchait sans tarder, dans ce milieu-là du moins.

Deux expressions justes en substance, mais approximatives.

Je ne suis, à proprement parler, pas debout : plutôt recroquevillé, assis par terre.

Et, du coup, qu'il fasse nuit n'est pas absolument sûr non plus, puisque recroquevillé, assis par terre, je le suis sur la moquette de la chambre de mes parents, derrière celui des doubles rideaux en épais taffetas bleu-gris qui est à droite de la fenêtre : de là, de toute façon, je ne vois pas grand chose.

Quand même, lorsque je me retourne pour risquer un regard vers l'extérieur, vers l'avenue, par-delà le voilage, j'aperçois en bas, du cinquième étage, les réverbères allumés.

Mais, eux aussi, on les allumait tôt, alors...

Pas, pourtant, avant la fin de l'après-midi, et après tout, en février, heure d'hiver ou pas, le jour ne tombe pas si vite.

Si je dis que je me retourne à l'occasion vers l'extérieur, c'est que mon regard, ordinairement, est tourné vers l'intérieur : celui de la pièce, où ma mère est assise – vainement, alors, puisque je suis derrière le rideau, et qu'il est opaque

L'intérieur tout court, à cet âge, oui, c'est bien court, et pourtant...

La date, elle, est hors de doute : si ma mère est assise là, silencieuse, regardant vers la fenêtre, l'air préoccupé, écoutant tous les bruits venant du dehors, si je suis assis tout à côté d'elle, hors de vue cependant, sinon vraiment caché, dans un silence qui n'est peut-être pas exactement le même, c'est que mon père n'est pas là : quand va-t-il rentrer du Palais-Bourbon, où le retiennent ses activités d'assistant d'un parlementaire S.F.I.O. ?

Ce ne serait pas inquiétant si, justement, la Chambre des Députés n'était pas, ce jour-là, assiégée par une bande de braillards répercutant et préfigurant cochonneries ambiantes et futures.

Les silences, y compris celui du téléphone, les attentes, les actes d'attention, sont d'abord ceux de cette absence, et de cette inquiétude.

L'inquiétude, pour moi, est abstraite, du moins dans le souvenir que j'en ai.

Et l'on n'aura sans doute pas tort (bien sûr, on l'a fait !) de voir dans cette réminiscence abstraite le masque d'une joie sous-jacente, et d'un espoir informulable, ceux d'avoir ma mère pour moi tout seul.

À condition, bien sûr toujours, qu'elles restent aussi cachées que possible : cette joie, et ma mère, comme moi, par le rideau qui nous sépare.

Donc, tout cela, de derrière le rideau – comme, dans d'autres souvenirs moins bien situés dans le temps, mais connexes, et d'abord par le lieu, à un mètre ou un mètre cinquante de là, derrière ce grand miroir ovale qu'on peut faire pivoter à volonté de la verticale à l'oblique, et vice-versa, sur les deux charnières par lesquelles il se rattache au châssis en acajou massif placé en biais dans le coin de la chambre, entre la fenêtre et la paroi de droite.

Là aussi, derrière la psyché, il m'arrivait de me cacher – à la vue du moins, prenant réellement la place, derrière le miroir, de l'image virtuelle de ma mère.

De derrière le rideau, peu de choses filtrent.

De derrière le miroir, moins encore. Et d'un recueil virtuel portant ce titre, seules quelques pièces, une cinquantaine d'années plus tard, ont été publiées, assez confidentiellement.

Dissimulations, inquiétude, confidences, silences, filtrages, après tout (quelle expression !), j'en ai retiré quelque chose : le goût pour textes, auteurs, et pensers clandestins, et, peut-être, une disposition à les débusquer parfois.

Là aussi, si c'est bien le cas, il m'aura fallu une cinquantaine d'années pour les mettre en œuvre.

❧

Chienne de vie

NOUS AVONS, Idea et moi, beaucoup pratiqué l'introspection à deux.

Elle fourrait le fil de ses analyses dans le réseau de mes affects, je glissais le tranchant de mes humeurs dans la trame de ses conceptions.

(Pendant que j'écris ces lignes, Victor cherche à détourner mon attention, évidemment pour tenter de me détourner de les écrire : je le sais très réservé, très réticent à l'égard de ce genre d'échanges, opposé qu'il est par principe au mélange des genres et des espèces.

C'est ce qu'il dit ; on aura l'occasion de voir ce qu'il faut en penser.)

Nous n'avions pas de mal à trouver un langage commun : je disposais d'à peu près autant de concepts qu'elle – de quelques mots de plus peut-être, mais dont je n'usais guère, en public du moins.

Je l'aidais à donner corps à ses intuitions, parfois trop abstraites, à mettre de l'ordre dans ses théories, à préciser ses formulations, nous mettions sur le tapis bien des questions, nous mettions en débat toute sorte d'affaires.

Je veux dire que, pendant nos ébats sur la moquette, je lui faisais part, quant à moi, des difficultés et problèmes qui m'occupaient, et dont je ne pouvais m'ouvrir à d'autres : je les lui confiais, elle partageait mes interrogations, me faisait bénéficier de l'acuité de son esprit critique, de sa compréhension, de sa bienveillance, de son attention, de son expérience de la vie, elle me rassurait, m'encourageait, et m'éclairait.

C'est la vie, d'abord, qui nous a séparés : nous ne pouvions plus faire partie de la même famille, partager le même appartement.

Elle est allée en pension, moi à l'hôtel.

Au moment où nous aurions pu reprendre la vie commune, il était trop tard : elle était morte dans sa pension peu auparavant, un peu précocement, de bonne chère, surtout passée, d'embonpoint, de diabète, par suite.

Par suite, aussi, déjà presque aveugle depuis plusieurs mois ou années.

Presque comme Tirésias, en somme.

Dommage : comme lui à d'autres, en son temps, elle m'avait beaucoup appris, appris à voir, sûrement, à vivre quoi qu'il en soit, peut-être.

Victor, en dogmatique invétéré, ne veut pas admettre qu'on puisse voir clair en soi par le regard d'autrui.

C'est qu'il ne s'est pas regardé, qu'il n'a pas regardé son regard : c'est dommage.

Heureusement que d'autres, on le verra, se chargent de le faire pour lui.

Cœur coupé

DEUX ET DEUX sont quatre, quatre et quatre sont huit : belle et bonne croyance arithmétique aux vertus de la duplication, utile à conjurer les fantasmes médicaux, et vacciner contre l'abandon superstitieux.

Une ouverture à cœur n'a rien que d'ordinaire si l'on a fait ses comptes, lorsqu'on a la force et les atouts requis, et qu'on s'est à l'avance mis d'accord avec son partenaire sur le sens des mots.

Ma mère se plaignait souvent d'avoir « à moitié mal au cœur ». L'autre moitié, c'était apparemment du vague à l'âme, ou qu'on appelle cela du nom qu'on voudra : ce cœur-là, c'est bien connu, gît en un lieu situé nulle part entre cerveau et estomac, et vague est le nom d'un système qu'on hésite à qualifier de vraiment sympathique.

D'avoir tout à fait mal au cœur m'arrivait assez rarement : j'avais bon appétit, étais plutôt gourmand, et pour que le cœur me tournât au point de ne pouvoir manger, il fallait de la fièvre, celle, par exemple, que me procuraient volontiers, non les oreillettes qui l'ont jusqu'à présent laissé en paix (elles ne sont pas responsables d'un déréglement du rythme que lui valut il y a quelques années l'inhalation inconsidérée de vapeurs de nitrate d'amyle), mais les oreillons, les oreilles, et la gorge : j'étais sujet à angines, otites, etc., sans pour autant que l'on m'envoyât les soigner et m'en prémunir, croire le faire, ou le prétendre, dans les mornes bourgades qui se vantent d'en avoir le privilège.

Ce n'était donc pas pour moi que, un peu avant la fin de l'été de ma dixième année, nous achevions de passer trois semaines à Vichy, mais – censément du moins – pour y soigner le foie de l'un et l'autre de mes parents, et ce n'est pas le mien qui, la veille de notre départ, m'empêcha de déguster le homard Thermidor dont je m'étais les jours précédents régalé à l'avance.

C'était bien, cette fois-là, une otite, avec la douleur, la fièvre, et l'abattement que cela procure, aggravés par la décision précipitée, prise guère plus d'un mois après le neuf thermidor, de quitter la station dès le vendredi, un ou deux jours plus tôt que prévu, pour une ou des raisons qui m'étaient assez lointaines, dramatiques dans l'abstrait, guère plus : nouvelles et nouveautés renversantes, surprenantes poignées de mains, gesticulations et grimaces en noir et blanc, retournements d'alliances, caricatures, ultimatums, foules hurlantes, discours enflammés, mobilisations générales, etc.

L'invasion proprement dite de la Pologne, ç'a dû être seulement le matin de notre départ – au petit matin.

Ce qui m'a semblé le plus dur ce matin-là, c'était le réveil prématuré, et la perspective de longues heures de route avec maux de tête et d'oreille, plus une rage de dents pour faire bonne mesure, et prolonger le mal de cœur.

Quand ma mère se plaignait d'avoir à moitié mal au cœur, l'autre moitié, cela me paraît clair aujourd'hui, le vague à l'âme, c'était moi.

Ce doit être, en tout cas, comme cela que je l'ai compris.

Il n'y a pas de honte, tout rouge que ce soit, à déguster du homard Thermidor, ou en avoir envie, dans une station thermale, pas plus, rouge encore, qu'à demander un cœur, ouverture ordinaire, et normalement sans ambigüité.

Demander deux cœurs ne devrait pas en offrir non plus, mais c'est une ouverture forte.

Elle risque de vous entraîner, pour peu qu'on vous réponde avec entrain, à des engagements périlleux : à en demander de plus en plus, on risque de tomber de haut, et bien bas.

Le seul risque qu'on n'encourt pas est de se faire couper cœur.

❧

Crypte

Avec ses confrères du tribunal militaire, mon père était passé à la campagne au début de juin.

Je ne me souviens plus s'ils n'ont fait que passer quelques instants, s'ils ont pris le temps de déjeuner, ou même celui de séjourner une nuit avant de repartir au petit matin en direction du Sud : entretenait-on encore le mythe de la reformation d'une armée de la Loire, du Cher, de l'Indre, de la Charente, ou autre cours d'eau ?

Il s'est en tout état de cause retrouvé peu de jours plus tard immobilisé dans un village de la Creuse, où il lui a fallu cette fois séjourner quelques semaines avant de revenir, vraiment démobilisé, nous rejoindre à la maison, en zone désormais occupée, après avoir enfin obtenu la faveur de refranchir ce qui était entre temps devenu une ligne de démarcation.

Plutôt donc qu'un *no man's land*, nous avions quant à nous, soigneusement munis de couvertures, franchi sur place, dans la quasi-obscurité offerte par la plus prestigieuse des pièces de la demeure : une salle voûtée d'allure médiévale occupant la partie centrale de la cave, le *no man's time* de quelques heures, voire un ou deux jours, séparant les derniers temps de la République des temps nouveaux des Allemands et du Maréchal.

Les bonnes alsaciennes, protégées, pensait-on, par leur christianisme, le maniement d'un idiome voisin du leur, et une nationalité en train de vaciller, étaient dans l'intervalle chargées d'aller voir de temps à autre en surface ce qui se passait, et qui passait.

Lorsqu'elles eurent constaté, et transmis, que ces passants-là se trouvaient, avec une couleur d'uniforme différente et une barbe de quelques jours, avoir eux aussi, contre toute attente, chacun deux pieds, deux mains, et deux yeux en face des trous, ma mère, en attendant de voir ce qu'ils sauraient en faire, eux-mêmes, leurs chefs, et leurs compatriotes, crut bon, conformément aux traditions de compassion et de magnanimité humanistes revendiquées par son parti, communément attribuées à son sexe et à la religion de ses ancêtres, et renforcées par son tempérament, d'intimer à ses employées de maison l'ordre nouveau de leur donner tout de même à boire.

❧

Cycles

Entre Ouzouer et Le Bardon, Huisseau-sur-Mauves et Meung-sur-Loire, Baccon et Patay, j'ai souvent, longuement, patiemment parcouru la plaine entre les champs de betteraves, les champs de blé, et ceux d'avoine, quand il y avait encore des chevaux à atteler.

Avec Pierre-Maurice, avec Jean, Micheline, Alain-Gérard, Arnaud, Françoise, peut-être Frédéric (mais est-il venu en temps propice, ai-je pu l'entraîner sur ce terrain-là ?), plus tard Marie-Laure, Guy (mais avec lui il s'agissait plus souvent du tennis que du vélo), Frédéric II, ou seul, ou avec bien d'autres encore – peut-être aussi avec la cousine Henriette, mais alors en tricycle, et en quelle mémoire ?

Avant tous ceux-là donc, et sans parler du tricycle, avec ma sœur, mon frère, mes parents.

Je n'ai pas besoin de rechercher la photo (voilà au moins une image qui ne passe pas) pour me revoir calme et fragile, en culotte courte encore, déjà ou encore sur mon vélo d'enfant, de préadolescent plutôt, à côté de ma mère en train d'enjamber le sien ou d'en descendre, un vieux vélo noir, gémissant et cahotant, qui avait peut-être été celui de ma grand-mère.

Elle a l'air triste, fatigué, préoccupé en tout cas, fatiguée de l'occupation d'abord, commencée depuis un an seulement, et des pressentiments qui n'ont pas de mal à en découler.

Nous sommes, pour la dernière fois, je crois, avec elle, dans notre maison de campagne, partagée cet été 41 avec les occupants – ceux, en l'occurrence, du premier étage.

Corrects, comme on disait : ce sont des officiers – deux ou trois ? – noblesse des lieux oblige.

Si j'ai l'air triste aussi, est-ce, seulement, mon air habituel ? – ou est-ce ce confluent d'occupations qui me rappelle un épisode moins correct, remontant sans doute à l'automne précédent ?

J'étais alors en sixième A[1] où j'avais, au début d'octobre conformément au calendrier d'alors, fait ma rentrée, la première, pour moi, au « Grand » Lycée comme on disait, après l'intermède de la première année de guerre passée à la campagne, justement, et à l'école communale.

Une histoire de vélo, de celles qui comptent – plus, peut-être, même, pour moi, que je n'ai pu penser par la suite.

Lui aussi, c'était un « grand » – enfin, un peu plus grand que moi : en troisième, quatrième, voire simplement cinquième – je ne l'avais peut-être jamais vu.

Comme tant d'autres élèves de Carnot à l'époque, il devait venir d'une banlieue proche, ou peu lointaine : Asnières, Bécon-les-Bruyères, Bois-Colombes, Courbevoie, Levallois-Perret...? – et comme tant d'autres aussi, à vélo.

Sur son chemin, une de ces longues avenues conduisant aux portes de Paris, il avait été, un matin de l'automne 40, ou de l'hiver 40-41, renversé et tué par un camion allemand.

Est-ce dès ce jour, ou le suivant, que tous les élèves du Lycée ont été rassemblés dans le préau pour une minute de silence en sa mémoire, je ne me souviens pas.

C'était une initiative du proviseur, elle lui valut un peu plus tard d'être écarté : simple déplacement d'office, révocation, plutôt, ou mise à la retraite anticipée, je ne me souviens pas non plus.

Ce dont je me souviens bien – du moins sont-elles revenues avec une mortelle vivacité il y a quelques mois pendant une nuit d'insomnie – ce sont quelques-unes des impressions que je ressentais de l'événement.

Le peu que je savais de l'accident : il avait été frappé à la tempe – m'obsédait.

Je le ressentais à mon tour, dans ma tempe, dans ma tête : je ne cessais d'imaginer la chute, le choc, l'effet produit, la suite, l'agonie, la fin – de tenter de me les représenter : bruits, mouvements, arrêts, blessures : apparentes, ou non ? – le sang : a-t-il coulé ? – le spectacle, les spectateurs, s'il y en avait – la douleur, ressentie, ou non, par l'un, et les autres.

Normal, peut-être, à la rigueur, à dix ans, de la ressentir à ma manière, à leur place ou à sa place – et, vu les circonstances, individuelles et collectives, qui l'entouraient, de ressentir ainsi ces impressions, cette horreur, cette fascination.

Une autre série d'impressions, accompagnant les premières, l'était moins : en toute exactitude, je l'*enviais*, lui, je rêvais, si l'on peut dire, d'être, moi, réellement à sa place – d'y avoir été, d'avoir subi ou, plutôt, de subir le même sort.

En écho à ces images-sentiments me revient un rêve de la même année, figurant une castration ou auto-castration collective telle que je pouvais à l'époque, d'après les dictionnaires, imaginer la « castration » – en l'occurrence, sous la figure de quelque chose que l'on s'ôtait du torse… – effectuée sous la conduite du professeur de Sciences Naturelles : j'y retrouve, après plus d'un demi-siècle d'amnésie presque totale, dans le souvenir revenu l'an dernier par la même nuit d'insomnie, une fascination semblable, moins chargée d'horreur apparente, plus nettement mêlée de désir et de jouissance.

Des deux événements figurés qu'associe le souvenir, lequel a, dans la réalité, précédé l'autre – seules, peut-être, ces différences de nuances entre les deux séries d'impressions appariées permettraient de le dire.

Leur valeur cyclique est, elle, hors de question.

La série la plus proche, en apparence au moins, est celle dont la proximité explique au mieux les amnésies que j'ai dites.

J'en trace aujourd'hui plus aisément la ligne.

Elle conduit, peu de temps après, à mon frère, un peu plus tard à ce camarade de classe, un de mes trois ou quatre meilleurs amis, noyé sur la côte d'Azur deux ou trois semaines après le baccalauréat pendant les vacances de l'été 47 – à mon meilleur ami des décennies suivantes, dont, pendant une escalade d'exercice en solitaire préludant à la saison d'alpinisme, la corde a cassé au début de l'été 65, à d'autres encore.

Je voudrais pouvoir être sûr qu'elle se termine, pour moi, en 94.

La fin de la terreur ? Ce serait trop simple.

La même série comprend entre temps, en 53, un autre camarade d'études, moins proche, plus éphémère, dont je revois le corps déjà raide transporté au petit matin par ses camarades de thurne, ou, dans les années 70 autant que je me souvienne, un jeune viticulteur des parages évoqués en commençant, qui avait trop entrepris, investi, emprunté.

Ceux-là, dont j'ai oublié le prénom, appartiennent aussi à une autre série au moins, laquelle est toutefois, dans mon expérience, surtout féminine : elle va de la tante Irène, quand j'avais quatre ou cinq ans, à Esther Marchand il y a peu d'années, l'une et l'autre passées d'ailleurs – à la différence de ces deux échantillons masculins, transitant par le cyanure et le fusil de chasse – par la fenêtre, comme, entre temps, une amie un peu plus distante, ancienne camarade d'études de Marie-Laure.

Elles ouvrent à leur tour sur d'autres séries, plus ou moins grotesquement grand'guignolesques, et me ramènent à mon premier amour, à la seule image que j'en conserve, dont je n'arrive pas à établir si elle est vraiment antérieure à l'Émeute.

J'ai tendance à croire que oui, que je n'avais pas non plus quatre ans – elle devait en avoir trente – lors de la dernière des visites que, dans une chambre aux rideaux fermés, aux souffles retenus, à l'atmosphère silencieuse de fatigue et de calme excessifs, de l'appartement d'un étage élevé d'une rue du dix-huitième arrondissement, l'on m'a, craignant par trop, désormais, la contagion, laissé faire pour quelques instants seulement à la cousine Henriette se mourant, à l'instar, un peu avant ou un peu après, de son père, l'oncle Raymond, de tuberculose.

Je sais – je n'ose dire que je me rappelle – qu'on reprochait à la tante Irène, sa mère, d'être responsable de sa mort pour s'être refusée à l'envoyer en sanatorium afin, par pur égoïsme, laissait-on entendre, de la garder auprès d'elle ; ces deux morts, et ce reproche, sont assurément ce qui l'a conduite, peu après, à enjamber la balustrade, mais il y avait aussi la rivalité amoureuse qui l'opposait, à l'égard d'un jeune médecin – celui, peut-être, qui soignait les phtisiques – à son autre fille, l'aînée : elle, au gaz, s'est en fin de compte ratée, en sorte que je l'ai bien connue par la suite.

Ces séries-là, et leurs instanciations, se bouclent sur d'autres anneaux, dont je n'entends pas faire ici le tour : chaque chose, chacun à sa place, en son temps – de toute façon je n'invente guère que des noms.

C'est surtout à partir de la dernière année de l'occupation que j'ai fréquenté la cousine rescapée des mélodrames de la rue Ordener.

Je devais au proviseur courageux du début de l'occupation, à la garantie que lui conférait ce courage auprès d'autres gens de sa trempe, d'avoir alors pu continuer mes classes dans un autre grand Lycée parisien dont le proviseur, sur la recommandation de son collègue, m'avait fait admettre en connaissance de cause sous une identité d'emprunt : c'est, en somme, à eux que je dois le nom que je porte aujourd'hui – je veux dire ici, et maintenant.

L'ancien vélo de mon frère, son premier vélo d'adulte (on avait dû le lui acheter en 38 ou 39), a été aussi le mien après la Libération : défraîchi comme il l'était, je l'ai repeint assez grossièrement dans une couleur, une espèce de caca d'oie un peu sinistre, qui bizarrement m'avait plu – à moins, tout simplement, que je n'aie pu en trouver d'autre : pourquoi ne pas s'arrêter à la pénurie ?

Une fois que la peinture a séché, autant s'en servir plutôt que de se cacher, ou de ne rouler que la nuit.

J'aurais peut-être mieux fait, d'emblée, de m'en tenir au noir.

☙

Écarté

C'EST LA BELOTE du pauvre, ou la bataille du riche.

À cinq cartes, on y joue avec des règles élémentaires, à la portée du moins habile.

Cela sert aussi, ou servait aussi, et surtout, à miser de grosses sommes dans les casinos et les cercles de jeux.

Nous ne misions pas grand chose quand nous y jouions, ma grand-mère et moi, pendant la période où, après avoir renoncé à son appartement de la rue Jouffroy, en licenciant la bonne attentionnée qui tenait son ménage, elle séjournait, confortablement encore, dans une résidence meublée du même arrondissement, où elle prenait également ses repas : elle y occupa d'abord une chambre assez luxueuse, puis une autre plus modeste, en attendant d'être réduite à se restreindre encore, pour aller en occuper une autre, encore plus modeste, chez des voisins de mes parents, dont je restais alors à l'écart.

De donnes en donnes, elle se retrouva un peu plus tard, sans eux, mais à nouveau avec moi, entre autres, dans notre appartement récupéré : elle pouvait y jouer de moins en moins à l'écarté, faute d'en voir les cartes, et cessa tout à fait de le pouvoir, en s'écartant définitivement de tous, il y a un peu plus d'un demi siècle.

Contributions

EN 42-43, EN MA QUALITÉ de lycéen du quartier Monceau, je me trouvai, pour la première fois, dans l'obligation embarrassante de dire mon mot sur ce qu'on appelle des intérêts matériels.

C'était, en somme, une question de vol de bois : j'en avais ramassé quelques brindilles au pied d'un arbre, sur une avenue proche de la place Péreire.

Que je me sois amusé à les disposer en croix de Lorraine expliquerait assez bien ce que la situation pouvait avoir d'embarrassant, mais j'ai beau chercher, je n'en trouve pas de trace, et cela me paraît pour plusieurs raisons, ne fût-ce que celle d'éviter de me brouiller avec l'État Français, improbable.

Était-ce alors simplement pour jouer, ou dans l'espoir d'allumer, ou d'attiser, sinon d'entretenir un feu dans une cheminée ? – je ne saurais dire.

Je ne saurais dire non plus qui était celui qui m'observait : soldat de l'armée d'occupation, policier en civil, allemand ou français, simple passant, plus ou moins collabo ?

Le regard était en tout cas porteur de menaces, il fallait préparer sa réponse.

À cet âge où la volonté de faire des progrès remplace souvent dispositions et talents, en un temps où les journaux retentissaient d'annales germano-françaises, j'y aurais malaisément trouvé les échos de ce qu'on peut alléguer pour détourner l'attention d'un témoin malveillant : j'étais donc prêt à me prononcer contre ce méchant travail, quitte à avouer carrément que les études et lectures que j'avais faites jusqu'alors ne me permettaient pas de risquer un jugement quelconque sur la teneur même des tendances françaises et allemandes.

Je préférai profiter avec empressement de la négligence lassée de mon observateur, de l'occasion qu'elle lui donnait d'afficher une bienveillance de nature à justifier ou équilibrer les dénonciations auxquelles il pouvait se livrer par ailleurs, pour m'en aller sur la pointe des pieds, et me retirer dans mon bureau où, loin de l'Allemagne et des Allemands, à l'abri des soucis et des passions, j'avais tout loisir de m'entretenir avec mes pensées.

Le premier travail que j'entrepris pour résoudre les doutes qui m'assaillaient portait encore sur la question du morcellement de la propriété foncière, et l'une des premières réflexions auxquelles cela m'amena, celle qui dans la suite me conduisit à entreprendre d'apporter ma contribution à une critique de l'économie libidinale, fut qu'il n'y a pas tant de perfection dans une vie faite de pièces et de morceaux que dans celle qu'on a coupée d'un seul tenant.

Je m'avisai peu après qu'on n'est pas tenu pour autant de choisir celle-ci de préférence à celle-là, qu'en tout état de cause il y a loin de la coupe aux lèvres, et qu'enfin les aiguilles à coudre ne sont pas faites pour les chiens.

De fil en aiguille, c'est à eux que la suite de mes pensées me conduisait : m'abandonnant aux suggestions de l'onirocritique animale, je rêvais de m'évader à Chaville, d'y parcourir les bois de Fausse-Mémoire à la poursuite de chiens perdus sans collier pour faire la critique de leurs rêves.

J'abandonnai plus tard à la critique rongeuse des souris cette ébauche de *Contribution à la Critique de l'Économie Libidinale* dont mes réflexions d'alors furent ainsi le noyau.

Mais, encore une fois, cela est plus tardif.

Pour l'heure, j'avais sur les rongeurs un autre angle de vue, prolongeant mes perspectives en direction d'une onirocritique de l'animal économe : outre les souris, j'observais, ou imaginais loirs, rats, écureuils, marmottes, et autres rongeurs prudents, plus ou moins actifs, hibernants ou non – chiens aussi, qui, cachant dans un coin ou sous un meuble le croûton de pain dont ils sont pour l'instant rassasiés, ont l'air de le mettre en réserve pour des temps moins heureux.

Eux, il leur arrive rarement de s'en souvenir, de le retrouver, plus rarement encore de le rechercher, et leur comportement est à mettre plutôt sur le compte du rêve.

Me voilà reconduit à interpréter les rêves d'un chien : rêver ses rêves, idéal, ou échappatoire ?

Ou même, s'il est vrai qu'à cette époque Idea était en pension à la campagne, rêver de les rêver, seule chose dont je fusse dès lors capable à l'égard de ceux qu'elle pouvait faire.

Ainsi l'échappatoire m'échappait sans doute déjà, ou était déjà de second rang.

Ce qui me renvoie à une série de redoublements d'incertitude : la mise en pension d'un animal peu économique a-t-elle été antérieure, ou consécutive, à l'arrestation de mes parents ?

De même pour le départ de ma grand-mère de la pension où elle résidait lors de cet épisode du vol de bois.

C'est en effet à l'occasion d'une visite que je lui faisais, peut-être le jeudi, jour alors sans école, en sortant de chez elle, ou en m'y rendant, que la flânerie m'avait retenu au pied de ce platane, et de l'emplacement d'une grille d'acier depuis longtemps transformée en fragment d'obus, de canon, ou de bombe.

Cette pension, c'est là qu'elle logeait entre le moment où elle avait renoncé à occuper seule un appartement inutilement grand et onéreux pour elle et l'époque, et celui (lequel ?) où les précarités de son existence l'amenèrent à prendre une chambre chez nos voisins de l'étage en-dessous, puis, plus tard, dans notre appartement retrouvé, la chambre qu'avait un temps, je crois, en d'autres temps, occupée mon frère.

La pension Gourgaud, c'est le genre de demeure collective qu'on appelait encore sans doute, comme par antiphrase, une « pension de famille ».

S'y rassemblaient, sous la houlette distinguée de deux sœurs d'âge mûr, l'une veuve, l'autre célibataire de toujours, une vingtaine de personnes seules, elles plutôt âgées, et en tout cas fortunées, ou des couples sans enfants, comme ce jeune couple d'allure fringante, qui attendait apparemment de trouver un logement plus durable, à moins que ce fût en réalité pour se mettre davantage à l'abri des indiscrétions.

Non qu'ils fussent en marge de la loi civile, ou de la loi politique en vigueur, mais peut-être justement, plutôt, que les activités qu'on leur prêtait (et, autant qu'il me souvienne, ils ne les cachaient guère dans cet espace du moins) au service des autorités en place et de l'occupant, étaient mieux garanties des risques extérieurs dans cet endroit de passage anonyme et feutré.

Ce qui ne m'empêchait pas de trouver le jeune homme bien à mon goût ; je ne sais pourquoi (est-ce cette image, ce mot de collaborateur qui suscitait l'association ?) je me pris un temps, je ne sais quand, à m'imaginer qu'il venait de Wuppertal.

La rétrospection me révèle maintenant en lui une des images virtuelles de Frédéric, que je ne devais connaître qu'en 50 – j'étais toujours à Paris, lui, à coup sûr, ne venait ni d'Elberfeld ni de Barmen, mais de Montpellier – mais l'une d'entre elles seulement, s'il est vrai, comme j'en acquiers chaque jour davantage la conviction, qu'elles ont mon frère pour prototype.

Ce qui me ramène à ma grand-mère, et à la conviction aussi que décidément c'est sans doute dès 42, au plus tard en tout cas au milieu de 43, qu'elle vint s'installer dans cette chambre d'un appartement de notre immeuble, où je ne devais la revoir qu'à la fin de l'été 44.

Dans l'intervalle, il aurait été trop dangereux, pour elle comme pour moi, de nous rencontrer en l'un ou l'autre de ces lieux, voire en d'autres.

C'est que, en somme, je suis l'héritier de ses deuils, et de leur fatalité : deuil de son fils Roger, mon oncle inconnu, tué à vingt ans quelque part en Argonne au début de la première guerre mondiale, redoublé par celui de son petit-fils, mort à vingt-deux ans quelque part en Pologne au milieu de la seconde, ce deuxième Roger que je ne peux m'empêcher de ressentir tué par le retour du prénom qu'on avait cru bon de lui choisir pour ressusciter le premier.

Si je voulais m'amuser à faire encore des histoires, je dirais que le deuil retrouvé que j'en porte à mon tour ramène, sur les garçons que j'aime comme pour le ressusciter, ce fantôme de guerre mondiale qu'est le nouveau mal de notre fin de siècle.

Il y a d'autres manières d'écrire l'histoire : je reviens à la façon dont j'en appris quelques-unes.

En 55, il apparut que je ne pourrais faire l'économie d'une critique de la politique des passions subliminales.

Je me trouvais alors dans une grande ville, où ne résidait en dehors de moi guère d'homme qui n'exerçât la marchandise, où chacun était tellement attentif à son profit que j'y demeurais sans attirer l'attention de personne, à de rares exceptions près, par exemple ma logeuse, brave femme reportant sur moi une part de l'affection déçue par l'affairisme de son défunt mari et celui de son propre fils – ou un honnête affairiste du cru en face duquel il m'arrivait de déjeuner dans un restaurant grand public du centre, non loin de la Bourse, du Théâtre, et du Port – un grand port d'où partent des vins parmi les plus illustres de ceux qui s'élèvent dans le monde, où affluent toutes les marchandises d'Orient et d'Occident, où l'on voit venir des vaisseaux qui nous apportent abondamment tout ce que produisent les Indes, et tout ce qu'il y a de rare en Afrique.

Dans la confusion où je me trouvais, je m'y allais presque tous les jours, sans liberté ni repos, promener par les allées qui y conduisent.

J'y rencontrais assez peu d'hommes, sans les considérer autrement que les marronniers dont elles sont bordées, ou les animaux qui peuplent jardins et parcs de ces quartiers de riches marchands et de propriétaires fonciers, toujours à l'abri d'armées sur pied exprès pour les garder, habiles à faire servir tout le travail de leurs commis et des paysans qui cultivent leurs vignobles à embellir le lieu de leur demeure, et à empêcher que s'y produise pour eux manque d'aucune chose.

Je ne parvenais pas quant à moi à profiter de toutes les commodités de la vie, ni à m'intéresser à toutes les curiosités qui peuvent y être souhaitées : j'étais incapable d'y jouir d'une liberté entière, d'y dormir sans inquiétude, de cesser d'y redouter empoisonnements, trahisons, calomnies – bref, j'étais à cent lieues d'y retrouver ce que je croyais naïvement avoir été l'innocence de nos aïeux, sans même parler des incommodités du froid, comme de la chaleur, dont je me trouvais assez mal préservé.

Je dus changer de terrain pour recommencer par le commencement, et étudier à fond, dans un esprit critique, les nouveaux matériaux que je me devais de soumettre à l'analyse : cela me conduisit à l'apprentissage de formes de discipline qui m'éloignaient de mon propos, et auxquelles il me fallut m'arrêter assez longtemps.

Je n'étais donc pas encore, en 57, près de rendre publique la critique de l'économie sublibinimale à laquelle je me livrais, et Frédéric n'était plus là pour m'apporter sa contribution : j'appris un soir, par un ricochet d'une cruauté inconsciemment atroce, qu'il ne risquait plus de m'en faire bénéficier, un sbire à l'âme bottée et casquée, rencontré dans une assemblée de citoyens, m'ayant donné en s'esclaffant la nouvelle de son départ de notre horizon pour une double fugue dans le style italien, en jeunes majeurs.

Restait la ressource d'une contribution à la critique de l'économie sublimidinale : à force de regarder les frères et faux-frères Marx and C° tirer et brouiller des cartes en chercheurs d'or, de chercher quant à moi dans la nuit la clé du champ de tir, de perdre à l'Opéra celle de la cabine, d'oublier celle des songes, et pour un temps celle des chambres à gaz, de prendre le change dans les correspondances, de me demander ce qu'il faut changer, et où il faut changer, pour aller de La Haye à Balzac, je mis à la mûrir une vingtaine d'années.

Les préfaces, heureusement ou malheureusement, on les écrit après coup : si on songeait à les rédiger avant d'avoir fait le livre, en entrevoyant seulement ce qu'il pourrait bien contenir, on y regarderait à deux fois avant de se décider à écrire l'un et l'autre.

En écrirait-on jamais, si on savait qui on est ?

❧

Comble

L'expérience m'avait appris que toutes les occurrences les plus fréquentes de la vie ordinaire sont vaines et futiles ; je voyais qu'aucune des choses qui étaient pour moi cause ou objet de crainte ne contient en soi rien de bon ou de mauvais, si ce n'est à proportion du mouvement qu'elle excite dans l'âme : je résolus enfin de chercher s'il existait quelque objet qui fût un bien véritable, capable de se communiquer, et par quoi l'âme, renonçant à tout autre, pût être affectée uniquement, un bien dont la découverte et la possession eussent pour fruit une éternité de joie continue et souveraine.

Ce n'était pas de ce côté que me portait le propos entendu de la bouche de M. Pasqualini, lorsque, en un message peu capable de se communiquer, il avait évoqué un malheur : « le plus grand malheur qui puisse arriver à un homme », qui lui était arrivé à une date, ou à un âge, auxquels il avait fait allusion d'un air qui m'avait paru bien mystérieux.

Il y a des énigmes en tout genre – comme les sphynx : tantôt mâles, tantôt femelles, ils peuvent être les deux à la fois, ou ni l'un ni l'autre, certains ont des ailes, certains des pattes, d'autres les deux, il y en a qui n'ont ni l'un ni l'autre, il y en a qui chantent, d'autres parlent, certains s'expriment ou ont l'air de le faire des deux manières, d'autres d'aucune des deux, à moins que ce soit qu'ils s'y refusent, ou s'expriment d'une autre manière encore, qui nous échappe.

Il y en a dont on préférerait de toute façon qu'ils s'abstiennent, vu les questions qu'ils posent, ou les messages qu'ils délivrent.

Tel m'apparaissait celui de M. Pasqualini.

Mystère d'allure dionysiaque, et interrogation : quel est le plus grand malheur qu'un homme soit susceptible de subir ? – apparemment inverses et symétriques de ma propre quête, et de la question plus lapidaire que Midas s'obstinait à poser à Silène : quel est pour l'homme le plus grand des biens ?

En apparence seulement, s'il est vrai que, contraint à l'aveu, le démon révéla que le plus grand bonheur, pour l'homme, c'est de n'être jamais né, ou si par malchance cela lui est déjà arrivé, de quitter la vie au plus tôt.

Ne jamais être né, c'est à peine si cela arrive à un sur cent mille.

Ce n'était pas arrivé non plus à M. Pasqualini, puisque il était toujours là chez les Farge, sans que je puisse – je n'étais sûrement pas le seul – déterminer quel était au juste son statut dans cette maison et cette famille de grands bourgeois éclairés, artistes, et pas trop conformistes, dont le fils aîné, Michel, était mon camarade de classe, et un de mes meilleurs amis.

Le plus grand malheur qui puisse arriver à un homme… ?

Faute de précision, même allusive, de sa part – faute, de la mienne, non de curiosité, mais de hardiesse pour poser des questions, ou d'habileté pour l'amener à donner sans s'en apercevoir les réponses que bien évidemment il ne demandait qu'à étaler pourvu que ce fût clandestin, que pouvais-je imaginer ?

J'étais, pour répondre, ballotté dans une alternative singulière : perdre sa mère, ou être émasculé.

Autrement dit – formulation rétrospective : cesser d'être homme, ou perdre son objet d'amour.

Comment choisir ?

L'objet d'amour, le seul que je connusse, ou reconnusse alors, le seul à perdre, c'était ma mère : je croyais n'avoir jamais eu que celui-là, je refusais de croire qu'il puisse y en avoir d'autre.

Cesser d'être un homme, donc être émasculé : un terme que j'avais dû trouver – celui d'eunuque, plus sûrement encore – dans la traduction Mardrus des *Mille et une Nuits* – d'autres encore sans doute, là ou ailleurs : j'avais de leur idéat une notion encore un peu confuse, j'y associais sûrement l'idée d'être empêché, interdit, privé de sa capacité de vouloir, de décider, etc.

Tout de même, depuis les courses de relais cyclique de 40-41, j'avais fait des progrès : à douze ou treize ans maintenant, je ne situais plus dans la poitrine ce qui fait le propre de l'homme.

Il y a bien des énigmes, toutes sortes de sphynx, d'autres questions que celle de Midas, d'autres questionneurs, d'autres empêcheurs de danser ou de chanter qui refusent de répondre, ou de le faire clairement, aux questions qu'on leur pose, ou encore dédaignent d'indiquer le sens et la portée des leurs.

À laquelle, auxquelles de ces diverses catégories M. Pasqualini appartenait-il ?

Appartenait-il seulement à l'une d'entre elles ?

Qui diable était-il ?

Odile Farge était cantatrice : wagnérienne par capacité et vocation, préférant, vu les circonstances, contre l'intérêt de sa carrière alors, le répertoire français, elle répétait en ces temps-là, pour un récital à la salle Pleyel, Massenet sans illusion, et Gounod – ou plutôt Berlioz ?

C'était bien, je crois, *La Damnation de Faust*.

Je suis à peu près sûr d'avoir assisté au récital – mais ce devait être peu avant les vacances de l'été 43.

J'ai donc laissé passer l'occasion d'interroger en temps utile M. Pasqualini sur le malheur suprême, et n'ai pas eu celle de débattre avec Michel Farge de l'existence d'un bien ouvrant sur une éternité de joie continue et souveraine, et des moyens de l'acquérir.

Pour la continuité, il fallut que j'en fasse mon deuil, avec celui de mon nom, et de notre amitié.

❧

Correspondance

Ce devait être un peu après Stalingrad, bien avant, toutefois, que la station en portât le nom : il s'en fallait de plus d'un an pour qu'on y pût seulement songer.

J'étais encore de notoriété publique, presque trop : attardé dans un quartier de l'Étoile, le dernier, celle-là cousue sur le cœur alors, pour, plus tard, la cicatrice dedans.

Les trois ou quatre camarades et amis avec qui je me trouvais – ce devait être en revenant du stade, ou, un jeudi après-midi, du cinéma – n'avaient donc eu, sans penser beaucoup plus à mal que ne le veut le sadisme naturel aux préadolescents, guère de difficulté à me mettre mal à l'aise, juste un peu davantage que d'ordinaire, en me jouant, pour je ne sais quelle vétille, une comédie du châtiment et de la persécution, de la vengeance et de la captivité, sous la forme d'une surveillance inlassable qui ne me laissait pas un instant, pas un espace de liberté.

J'étais d'autant plus fier d'avoir réussi à leur fausser compagnie, alors même qu'ils me serraient de près sur le quai du métro, en dérivant insensiblement vers l'ouverture d'un couloir de correspondance, que j'empruntai en m'y glissant subrepticement, à leur nez, sinon à leur barbe, encore absente pour quelques mois, ainsi préfigurée néanmoins pour nous, comme l'était, pour moi, sans que je le sache, la clandestinité toute proche : compagnie faussée – pas seulement elle, emprunt d'un couloir, en attendant celui d'un nom.

C'est que j'étais grand connaisseur du réseau, dont, tout enfant, adolescent encore, voire adulte, j'ai longuement ressenti la fascination.

Les lignes, stations de correspondance, petites ou grandes, les itinéraires, ordinaires ou de substitution, leur rapidité et leur complexité relatives, les couloirs, escaliers, escalators (en existait-il, fonctionnaient-ils ?), les bruits, spectacles et odeurs : frottement, étincelles, poussière, électricité – les accès et sorties, guichets, portillons, poinçonneuses et poinçonneurs (il y en avait encore), les horaires d'ouverture et de fermeture, tout cela avait peu de secret pour moi, et parmi les thèmes majeurs de mes nostalgies se trouvaient les stations fermées, dont la guerre ne cessait d'accroître le nombre.

En attendant, trop longtemps, les Anglo-Saxons, j'y découvrais le spleen à Paris.

Embastillé comme je l'étais, les correspondances multiples faisaient vibrer en moi la fibre nationale et républicaine, rêver d'universelle concorde, de châteaux grands et petits, de saisons insolites et d'horizons lointains, chantés sur des airs d'opéra : du Nord à l'Est, à l'Italie, d'autres encore, plus chimériques – elles m'étaient des étoiles bienvenues, me transportant d'enfer en Parnasse.

Elles furent, l'été de l'année suivante, les dernières à briller.

Accès impraticables et stations condamnées n'ont cessé de m'être chemins de croix : je pleure encore la désertion de celui de saint Martin, la décoloration de la croix rouge, le désarmement de l'arsenal, celui, si je ne me trompe, du Bailli de Suffren, voire l'obscurité dans laquelle est, sur un de ses flancs, tombé Richard Lenoir, je redoute l'abaissement des abbesses, j'ai du mal à admettre qu'on fasse coucher les rennes dès vingt heures, que le liège ne flotte pas le dimanche, et l'idée m'afflige que l'on ne doit qu'à l'enfouissement d'une autre correspondance la remise en eau tardive des thermes de Cluny.

Les itinéraires de rêve, ceux même, faute de mieux, du cauchemar, m'ont servi de dérivatif ou d'échappatoire.

De Wagram à Waterloo il y a, quoi qu'on pense, une ligne directe, qui n'est pas l'Eurostar.

Mais, après Napoléon, je suis le seul à la connaître : elle est donc rarement ouverte.

Au fait, quels noms ont porté toutes les nefs, toutes les chaloupes, toutes les frégates qu'emprunta ce grand voyageur pour se déplacer entre îles et continents ?

Il a bien dû y en avoir une qui s'appelait *La Métaphore*.

Beau nom, beau titre, beau thème à disserter.

Mais dans quelle discipline ?

❧

Emprunt

Pour descendre au village, plutôt que de gagner la route par un bref raidillon et suivre les deux ou trois lacets par lesquels elle permettait aux voitures, motos, mais bien davantage, alors, vélos ou, au mieux, cyclomoteurs poussifs, d'en parcourir sans trop de peine, surtout à la montée, le bon kilomètre et demi que cela représentait, on empruntait de préférence – sans guère plus de risque que de s'écorcher les bras pour peu qu'on se les prît dans un buisson de ronces au bord du chemin, ou, au pire, les genoux si, dans la course cahotante de nos douze, puis, l'été suivant, treize ans, on s'affalait un instant sur les pierres et graviers – « le raidillon » à proprement parler, c'est-à-dire les deux ou trois raidillons suivants qui coupaient ces lacets en un trajet à peu près rectiligne, aboutissant presque directement, au bout de quelque cinq cent mètres, à la place et à l'Église où, pour passer inaperçu, je me devais d'assister le dimanche à la messe et d'y imiter, aussi naturellement que possible, les gestes qu'y faisaient, les paroles et inflexions de voix que semblaient y murmurer Pierre-Maurice et ses parents.

Le courrier n'arrive pas le dimanche, pas plus alors qu'aujourd'hui, sauf peut-être si, au lieu de le recevoir chez soi, à son adresse, on va le chercher, ce jour-là comme les autres jours, chez des amis qui l'ont reçu pour vous, surtout quand l'un des membres de la famille est lui-même postier, comme c'était le cas du fils des braves gens qui tenaient l'épicerie du village.

La lettre reçue, je crois, le dernier dimanche d'août 1943, était insolite pour d'autres raisons : envoyée par ma sœur, elle annonçait, pour mes parents, la fin de leur liberté, et la poursuite de la sienne seulement par une faveur des policiers venus exécuter les ordres de l'occupant, sous condition évidemment qu'elle la vécût désormais à l'abri d'un autre toit et d'un autre nom.

J'en portais alors un choisi par mon père pour honorer un de ses confrères récemment disparu, qui l'avait précédé dans une voie qu'il espérait quant à lui ne pas avoir à emprunter.

Peut-être ce nom, de toute façon peu commode pour raisons d'initiale, risquait-il dès lors d'être compromettant à Paris.

C'est donc aux fermiers qui louaient à mes amis, ou plutôt leur sous-louaient le petit logement où nous passions le mois d'août en 1942 et 1943, que j'ai, à mon retour, emprunté celui que je porte encore ici.

☙

Écart

JE N'EN REVIENS PAS.

J'avais laissé tomber sur mes genoux le volume de contes drôlatiques que j'étais en train de lire.

J'étais alors en Allemagne, où l'occasion des guerres qui n'y sont pas encore finies m'avait appelé ; et comme je retournais du couronnement de l'empereur vers l'armée, le commencement de l'hiver m'arrêta dans un quartier où, ne trouvant aucune conversation qui me divertît, et n'ayant d'ailleurs, par bonheur, aucuns soins ni passions qui me troublassent, je demeurais tout le jour enfermé seul dans un poêle, où j'avais tout loisir de m'entretenir de mes pensées.

Là, je me suis vraiment trompé de texte, de temps, de circonstances, et de personne, sinon tout à fait de lieu.

Ce n'était pas au commencement de l'hiver, mais sur la fin de l'été 43, je n'étais pas en Allemagne, j'étais dans le Morvan, où je me plaisais à explorer les bois près de perdre leurs feuilles, y traquer les boutons de guêtre, nez de chat et pieds de griffon, pleurotes et trompettes de la mort, parcourir les rives du lac-réservoir des Settons, y patauger encore à l'occasion, tant qu'il n'y faisait pas trop froid, dans l'eau pas bien profonde, mais un peu écœurante de vase et d'herbe – au reste je ne savais pas encore nager, et il faudrait plus que la leçon, au contrepoint d'affolement, du mois d'août de l'année suivante, pour accéder à ce savoir-là.

Ce n'était pas moi, donc, qui étais en Allemagne, c'était, en un lieu qui s'y trouvait encore pour une quinzaine de mois, et, pour eux, en un temps qu'il faut bien situer quelques semaines plus tard, mes parents.

Ils y passèrent quelques instants du début de l'automne, non dans un poêle, mais dans un four.

J'ai entendu dire qu'ils y allèrent la main dans la main, avant de gagner chacun le sien, et je ne sais de quelles pensées ils y eurent loisir de s'entretenir.

Si j'en parle légèrement, c'est façon d'en atténuer le poids dont, il y a deux ou trois ans, Esther Marchand n'a pu s'empêcher de vouloir décharger ses fragiles épaules : vaut-il pas mieux s'abstenir d'écarter ce rideau de fumée ?

La veille au soir, au téléphone, elle m'avait, dans un de ses accès de colère et de larmes dont je croyais à la longue avoir pris la juste mesure, déclaré « ne plus pouvoir le supporter ».

Ai-je délibérément fait mine de ne pas entendre ce singulier neutre ? – ai-je au contraire en trop réelle, et imprévoyante connivence, saisi ce que visait ce neutre singulier ?

Toujours est-il que j'ai dû lui dire, en passant, quelque chose comme : « vous savez que je vous comprends, mais... » etc.

Fallait-il être plus attentif, plus prudent...?

Ce que je sais, c'est que depuis lors je prends garde à ne regarder que devant moi quand je suis sur une passerelle, à me tenir à bonne distance des balcons, terrasses, comme des quais de chemin de fer ou de métro, des berges de rivière et de fleuve : d'aposiopèse en questions rhétoriques, une balustrade à la fin s'enjambe, un parapet est vite franchi, une rambarde bientôt sautée.

Cela me rappelle le faux-pas que j'avais commis quelques années plus tôt en adressant à un collègue, avec qui je partageais un enseignement sur Lucrèce et l'épicurisme, un poème burlesque sur le thème de la déclinaison et de la verticalité de la chute où j'avais écrit, par exemple : « [...] Si libre était la chute des corps sans péché / Qu'aucune âme n'allait franchir le mur du sens / Pour s'éclater dans le délire d'un grand bang [...] », envoi qui lui était parvenu au moment où sa mère venait d'emprunter le même raccourci.

La fenêtre qui leur a servi d'issue à l'une et à l'autre me rappelle aussi, justement, le balcon, au cinquième étage, d'où, au moment de mon départ pour le Morvan, quelques semaines plus tôt, mon père et ma mère m'avaient, en agitant le bras, lancé un au revoir dont je ne savais pas qu'il serait vraiment le dernier : est-il purement rétrospectif, le pressentiment que je trouve dans le souvenir que j'en retiens, souvenir du regard que moi, d'en-bas, des marches de l'escalier descendant dans la station de métro Wagram, plus bas encore que le trottoir où je formais peut-être le fantasme de leur écrasement, je jetais sur eux en agitant le mien ?

Ce pourrait bien être ces fantasmes en jeux d'eaux, miroirs, et cascades, qui m'ont l'autre jour précipité sur le trottoir du boulevard Saint-Germain pour une chute commémorative, punitive, et conjuratoire : si c'est cela, s'en tirer avec le biceps arraché, la cadence n'est pas trop mauvaise.

Au fait, le séminaire auquel je me rendais ce jour-là portait-il sur « Descartes en Allemagne », ou sur « Spinoza en Allemagne » ?

On y revient toujours – ou on n'en revient pas : ça revient au même.

Je me remis à la lecture des *Adventures Fantasques, Ioyeulzes et Terrificques du Baron de Feneste.*

☙

Enregistrer

LES EXPERTS en sciences de la communication nous racontent des histoires.

Compenser la rareté par la durée ? à quoi bon, quand on n'a plus de dents depuis des siècles ?

Mathusalem, c'est des histoires : le problème était de savoir à qui les raconter.

Compenser la rareté par la durée est une pseudo-solution : à raison de 0,0001 au km^2, on n'y gagne pratiquement rien, et l'on a si vite fait de radoter.

Et puis le narrateur doit cesser de prendre l'auditeur et le lecteur pour des imbéciles : Mathusalem, c'est des histoires – on mourait jeune en ces temps-là.

J'ai pourtant du mal à croire qu'il ait fallu attendre Sumer pour faire la différence entre le moment de s'y résoudre et celui des premiers pas, ou des premières amours.

Mieux vaut encore se raconter les histoires à soi tout seul.

Bien évidemment tout le monde l'a fait depuis qu'il y a un monde : l'homme est une espèce inventive, et bavarde.

On ne parle jamais pour ne rien dire : même le plus volubile a toujours quelque chose en tête, et ce n'est pas parce qu'on n'a personne à qui parler qu'on n'a rien à dire – rien à se dire : même quand on est tout seul, on a des choses à se rappeler, à se représenter, à se réciter.

À force de se raconter des histoires, il a bien fallu en faire des livres : il suffisait de sortir du sable (les serments qu'on y grave durent moins longtemps encore que l'amour, les traces qu'on y laisse de la promenade s'estompent plus vite que le souvenir qu'on en conserve) – en en mettant juste un peu de côté, de quoi compter le temps.

Sacrés ancêtres !

❧

Confession

Nous étions en route, Jean et moi, pour cette piscine installée dans une ancienne péniche amarrée au bord de la Seine, en contrebas de l'École des Beaux-Arts, où je devais prendre une leçon de natation.

Malgré les restrictions, ou à cause d'elles, nous avions déjeuné lourdement, le devoir d'une mère vis-à-vis de son fils, et des cousins et amis de celui-ci, étant alors de les bourrer consciencieusement, systématiquement, amoureusement, jusqu'à l'indigestion si possible.

C'était en tout cas l'idée que s'en faisait Juliane, l'épouse de Jean l'ancien, le cousin bien aimé de ma mère.

Je m'acheminai gaiement avec mon sémillant guide : en l'absence, maintenant, de tout moyen de transport, on s'était accoutumé à parcourir à pied tout Paris, ce qui, dans le beau temps de l'été, n'avait rien de déplaisant.

Nul accident grave ne troubla notre parcours, de la rue de Turin jusqu'au quai Malaquais : tout juste, avec ou sans alerte (elles survenaient, ou non, de façon de plus en plus hasardeuse, et l'on en tenait d'autant moins compte qu'il n'y avait plus guère d'autorités pour en surveiller le respect), à la traversée du boulevard Malesherbes, la chute de quelques éclats d'obus de D.C.A. qui auraient pu nous traverser le crâne – c'était arrivé à d'autres – mais la rencontre était improbable.

L'on s'abritait tout de même, de temps à autre, sous un porche.

Un peu avant le milieu du mois d'août 1944, à l'approche d'une Libération maintenant à portée de main, nous étions dans une assez heureuse situation de corps et d'esprit.

Quant à moi, dans ce court mais précieux moment de la vie où sa plénitude expansive étend pour ainsi dire notre être par toutes nos sensations, et embellit à nos yeux la nature entière du charme de notre existence, jeune, en bonne santé, sinon bien vigoureux, j'étais plein d'espoir, sinon de sécurité, et de confiance aux autres, sinon en moi.

En dehors de l'absence de mes parents, mon inquiétude n'avait pas d'objet précis qui fixât mon imagination.

Avant que d'aller plus loin, je dois au lecteur mon excuse ou ma justification, tant sur les menus détails où je viens d'entrer que sur ceux où j'entrerai dans la suite, et qui n'ont rien d'intéressant à ses yeux.

Dans l'entreprise que j'ai faite de me montrer tout entier au public, il faut que rien de moi ne lui reste obscur ou caché ; il faut que je me tienne incessamment sous ses yeux ; qu'il me suive dans tous les égarements de mon cœur, dans tous les recoins de ma vie ; qu'il ne me perde pas de vue un seul instant, de peur que, trouvant dans mon récit la moindre lacune, le moindre vide, et se demandant : « Qu'a-t-il fait durant ce temps-là ? », il ne m'accuse de n'avoir pas voulu tout dire.

Je donne assez de prise à la malignité des hommes par mes récits, sans lui en donner encore par mon silence.

Nous arrivons aux bains Deligny avec à peine plus d'argent que ce qu'il fallait pour y entrer, de linge pour s'y changer, de vêtement pour se rhabiller, et le peu de mérite et d'honneur dont on peut se prévaloir à quatorze ou quinze ans.

J'avais reçu mission de bronzer un peu avant d'aller me tremper pour prendre ma leçon de natation, et tout de suite je fus mené par mon cousin à l'espace consacré au bain de soleil pour y rencontrer les amis qu'il s'y était faits.

Étaient assis là quatre ou cinq hommes ou jeunes gens, dont certains n'avaient rien d'affreux.

Celui qui faisait figure de mentor, ou de chef de bande, me paraissait bien âgé : il devait avoir près de quarante ans, c'est du moins ce qu'il me semblait. Les autres, sensiblement plus jeunes, restaient à mes yeux, de loin, des aînés.

Les jeux auxquels ils s'amusaient ou feignaient de s'amuser, et me conviaient à participer, charades, imitations, énigmes, parodies, ne m'en paraissaient pas moins assez puérils.

Je me souviens vaguement de l'un d'entre eux, une sorte de fausse devinette où l'on fait mine de se repasser en cercle une même question, en l'enrichissant chaque fois d'un détail censé faciliter la réponse, en réalité uniquement destiné à compliquer le jeu, puisque le joueur suivant doit à son tour répéter l'ensemble : question initiale et précisions accumulées, en y ajoutant un nouveau détail de son cru, le but étant bien entendu d'amener le voisin à dérailler, d'où sourires, ricanements, pénitences, plus ou moins salaces, etc.

L'interrogation initiale portait sur « le Piârre » : ainsi affublé d'une tournure et d'un accent bourguignons, ce prénom me rappelait à moi les vacances passées en Morvan lors des deux étés précédents, et du coup aussi, l'image que je conservais d'un garçon plus âgé faisant partie du groupe avec lequel je m'y trouvais un jour en promenade, et dont j'avais failli surprendre la nudité tandis qu'il se déshabillait ou se rhabillait subrepticement dans le bois, avant ou après la baignade dans le lac des Settons.

L'un de ceux du groupe d'aujourd'hui, un petit brun mince, un peu frisé, ressemblait à un jeune comédien alors en vogue : je le trouvais plutôt séduisant.

Quand parut venu le moment de se mettre en tenue de bain, moi pour prendre ma leçon, les autres pour se tremper, puis prolonger le bronzage, c'est, je crois, avec lui que j'aurais secrétement souhaité (mais peut-être le souhait est-il rétrospectif) partager la cabine de déshabillage, puisque, paraît-il, il fallait partager.

Ce ne fut pas le cas : c'est avec un autre, qui m'apparaissait plus insignifiant, trop sérieux, presque trop adulte (il portait des lunettes, avait, me dit-il un peu plus tard, dix-huit ans, était instituteur débutant) que je m'y rendis.

Dire que son visage était de pain d'épice serait exagéré sinon entièrement faux : il avait apparemment, comme ses camarades, passé à bronzer une bonne partie du printemps, et surtout de l'été maintenant en son cœur.

De toute façon, à Paris, à l'approche du milieu du XXe siècle, cela n'avait rien pour déplaire ni effrayer ; il me semblait plutôt, encore une fois, un peu insignifiant.

Son odeur n'était pas malpropre, et si elle comportait une composante de tabac, cela non plus n'était pas pour me rebuter : j'affectais dès lors de fumer, et de préférence, autant qu'il était alors possible, des cigarettes à goût américain ou anglais. Au reste, dans les minutes précédentes, lui et ses amis avaient pensé justement s'attirer de notre part confiance et complicité en nous en offrant une ou deux que, timidité ou tentation, nous n'avions pas refusées.

Son regard n'était pas plus furieux que tendre, au mieux ou au pire vaguement bienveillant, légèrement attentif sans en donner trop l'impression, apparemment dirigé sur d'autres objets que moi.

Ces notations sont largement rétrospectives, car de tout cela je ne voyais moi-même pas grand chose, n'osant guère lever sur lui les yeux, que je gardais baissés selon une habitude invétérée dont j'ai mis très longtemps à me débarrasser, jamais complètement.

Ma timidité était évidemment redoublée par les circonstances : je m'étais d'abord imaginé que nous irions dans un vestiaire public, ou que je serais seul dans la cabine, au pire avec Jean – ou encore, au moment d'y arriver avec cet inconnu, que lui et moi nous y succéderions : l'occasion ne s'était jamais présentée de me trouver avec un homme inconnu dans un lieu fermé pour s'y déshabiller.

Très attentif moi-même en m'efforçant de n'en rien montrer, j'étais donc plus qu'intimidé, vaguement inquiet, en garde sans trop savoir de quoi.

Il ne pouvait manquer (je parle toujours rétrospectivement) d'avoir repéré tout cela, ou l'essentiel, et si, dans son discours calme et châtié, me vouvoyant sans cesse, il me parlait du temps, du lieu, de la couleur et des ondulations de l'eau de la Seine que nous voyions, à quelques centimètres de nous, à notre niveau, par le hublot de la cabine, à travers l'espèce de persienne qui le doublait, – du Palais du Louvre, que l'on apercevait sur l'autre rive, des jardins du Carrousel que l'on y devinait, c'était, je n'en puis douter (je n'en pus douter quelques instants plus tard), pour calmer mon inquiétude, désarmer ma méfiance, détourner mon attention, la détourner, bientôt, des frôlements qui, comme par hasard, se produisaient lorsque, placé derrière moi face au hublot, il affectait d'attirer mon regard sur tel ou tel détail à l'extérieur.

Avant même ce moment-là, je m'inquiétais, ou prétendais m'inquiéter du temps que nous perdions : nos compagnons n'allaient-ils pas nous attendre, arriverais-je à l'heure pour la leçon de natation que l'on devait me donner ?

Il s'appliquait à me rassurer sur tous ces points, mais n'y réussissait guère, puisque là n'était pas ma principale inquiétude.

Ce n'était pas non plus qu'il fût Esclavon, et il ne se disait ni Maure ni, bien sûr, Juif : on n'avait alors pas intérêt à en faire état.

Esclavon, de toute façon, aucune chance ! Maure, guère davantage – et je puis assurer qu'en effet il ne l'était pas, ni Juif non plus.

C'était moi qui l'étais, d'où, précisément, pour l'heure, mon angoisse : il fallait encore le cacher.

Se posait donc la question du déshabillage, mais elle se posa – il la posa – autrement.

J'avais, à vrai dire, tenté de la résoudre dès le début, en me réfugiant à un bout de l'étroite cabine, opposé à celui où se trouvait ce compagnon du moment, pour, en lui tournant le dos, me défaire en hâte des quelques vêtements que je portais, substituer avec plus de hâte encore à mon slip, sous ma courte chemisette, trop courte à mon gré, le slip de bain qu'on m'avait préparé, et serrer bien fort le cordon qui servait à le faire tenir, précaution qui, pensais-je, m'éviterait la révélation de cette particularité à tenir secrète : je croyais, ou voulais croire, n'avoir rien d'autre à redouter.

En fait, c'est de cette précaution même, qu'il n'avait pas manqué d'observer, et de son excès, qu'il profita.

Il en prit en effet prétexte pour, après que, sans avoir l'air d'y toucher, il eût, par la parole, puis la main, attiré mon attention sur ce que le slip enfermait, délier ce cordon qui, trop serré, disait-il, l'aurait rendu insupportable une fois mouillé, puis le faire tomber à mes pieds.

Placé devant lui, je ne percevais pas son regard, et endurais, en tâchant de n'y pas penser, ses manières de plus en plus libres : frôlements devenant caresses, baisers se prolongeant, avec une ardeur qui m'était fort incommode, en morsures retenues, – ses propos, que je m'efforçais de ne pas trouver singuliers ; ceux-ci se faisaient d'ailleurs de plus en plus rares, relayés qu'ils étaient par le jeu de ses mains, puis de sa bouche.

Je ne marquai ni indignation ni colère, car je n'avais pas la moindre idée de ce dont il s'agissait : je ne pouvais comprendre sa conduite, ne pouvais y voir la marque d'une vive amitié, et ne voulais pas croire que la tête lui eût tourné. Je préférais essayer de me convaincre qu'il s'agissait de la façon ordinaire, pour un garçon, de se comporter envers un cadet à placer sur la voie de l'âge adulte, et que j'aurais tort de le rebuter.

À ma gêne encore abstraite s'ajouta bientôt l'angoisse de ne pas pouvoir me retenir d'un besoin croissant qui m'amènerait, pensais-je, à la honte de déverser dans sa bouche ce que je croyais encore être le produit de ma vessie, honte dont une autre honte, qui m'était plus coutumière, celle de la timidité, m'empêchait de me prémunir en l'en prévenant.

Plus ému, plus troublé, plus effrayé même que je ne l'avais été de ma vie, sinon prêt à me trouver mal, c'est seulement lorsque, après que mon angoisse se fut dissipée je ne savais comment, il m'eut invité, disposant de ma main, à lui rendre la pareille, et, tandis que j'effectuais docilement, sans plus de concupiscence que de conviction, les gestes qu'il m'indiquait, à persister jusqu'à un accomplissement dont je ne voyais pas le sens – c'est seulement lorsque, à la fin, je vis partir vers la porte de la cabine et tomber à terre je ne sais quoi de gluant et de blanchâtre qui me causa beaucoup plus de surprise que de dégoût, que je commençai à comprendre que ces visions, ces contacts et ces sensations dépassaient tout ce dont j'avais eu jusqu'alors l'expérience.

Je n'avais pas cherché à me dégager, n'avais poussé aucun cri.

Sans un mot ou presque, il me fit rhabiller, comme il le faisait lui-même, et nous sortîmes rapidement, lui pour rejoindre ses camarades, moi pour me rendre au rendez-vous fixé par le maître-nageur.

L'image de ce qui m'était arrivé, mais surtout de ce que j'avais vu et éprouvé, restait si fortement empreinte dans ma mémoire que je ne pouvais cesser d'y penser.

L'heure qui suivit, celle où se placèrent la leçon elle-même, puis, quand j'eus rejoint le groupe, la reprise des jeux et du bronzage, fut, en ce qui me concerne, presque toute entière occupée par l'effort obsédant, sinon d'oublier l'épisode, du moins, tâche presque aussi chimérique, de le ramener à quelque chose d'assez anodin et banal pour atténuer l'impression que je ressentais de vivre une sorte de cauchemar, avivée par l'anxiété de me retrouver à nouveau seul avec lui lorsqu'il faudrait aller se rhabiller avant de prendre le chemin du retour.

Le retour en cabine, pourtant, prit, inopinément, une allure presque routinière.

Je mis – comme si j'en étais venu à croire que c'était un usage admis dans le monde, et dont je n'avais pas eu plus tôt l'occasion d'être instruit, m'y étais habitué, ou au moins résigné – assez peu de conviction à tenter un rhabillage rapide, le laissai, quasi en silence maintenant, reprendre ses attouchements, plus hardis et prononcés, me surprenant cette fois à ressentir l'excitation du contact, puis celle de ce que je n'aurais certes pas songé encore à nommer jouissance, bien qu'elle s'en approchât déjà, après quoi, manifestant par le fait de rapides progrès sur le chemin de la complaisance, je crus devoir, par simple courtoisie, offrir de lui rendre la pareille.

Mais il éluda la proposition.

Je ne l'ai à compter de ce jour jamais revu, et n'ai pas avant longtemps vu d'autre homme en cet état : rapidement rhabillés comme si rien ne s'était passé, lui et moi avons rejoint les autres, et nous sommes peu après sortis tous ensemble de la péniche, empruntant le quai quelques pas vers l'aval, pour nous séparer au coin du pont du Carrousel.

Là, malgré l'insistance de ces amis du jour, je m'appliquai avec succès à éluder tout engagement de se revoir, engagement que Jean paraissait quant à lui disposé à prendre.

C'est donc, après avoir pris congé du groupe, avec lui seul que je traversai la Seine, pour le raccompagner chez ses parents d'abord, puis revenir à l'hôtel meublé où j'habitais pour quelques semaines encore ; au passage, espérant apaiser une soif qui n'était pas seulement due à la chaleur de l'été, nous nous sommes arrêtés un moment au Café du Louvre pour y prendre un verre de menthe à l'eau tiède, qui laissait surtout le goût de la saccharine.

J'entrevoyais confusément, sans comprendre au juste pourquoi, que je devais me taire, et ne dis alors à mon cousin, que je croyais totalement innocent, pas un mot de ce qui venait de m'arriver.

Je ne lui en parlai pas davantage dans la suite, et me gardai bien d'aller le conter à qui que ce soit d'autre.

Je ne m'exposai donc pas à me voir adresser par lui, pour avoir bavardé, quelque mercuriale, n'eus pas à me défendre de l'accusation de faire beaucoup de bruit pour peu de mal et de risquer de compromettre son honneur et l'honneur familial, et ne lui donnai pas occasion à m'expliquer que l'intention n'était pas offensante pour la personne qui en est l'objet, qu'il n'y avait pas de quoi s'irriter si fort pour avoir été trouvé aimable, et que, si même on allait plus loin, il n'y aurait pas à craindre la douleur, que cette crainte est vaine, et qu'il ne faut pas s'alarmer de rien.

Ma conviction de son innocence en la matière parut du reste confirmée lorsque, sensiblement plus tard, à l'occasion d'un dîner de famille, il me raconta, comme en confidence, d'un air à la fois ironique et scandalisé, avoir, un soir, aperçu le groupe sur les Champs-Élysées, couronnant son récit d'une exclamation : « ils avaient un genre !!! »…

Qui, de lui ou de moi, feignait le plus la surprise ?

Cela se situait en tout cas bien des mois après la Libération de Paris, intervenue peu de jours après l'épisode.

La mienne, c'est une autre histoire.

Cette aventure m'avait pour plusieurs dizaines d'années mis à couvert des entreprises des chevaliers de la manchette : la vue des garçons qui passaient pour en être, me rappelant les manières et les gestes de mon séducteur, m'inspirait autant d'horreur que j'éprouvais, pour ceux qui n'en avaient pas l'air, de désir soigneusement caché.

Au reste, je ne repris pas avant longtemps de leçon de natation, et ne sus nager, assez médiocrement, que cinq ou six ans plus tard.

❧

Échos

Les jeux sont souvent répétitifs, les conduites aussi : du rabâchage au radotage en passant par la rime et les pulsations, il y a mille manières de se répéter.

Ce qui se lie s'écrit, ce qui se relit s'écrie : de Roger Saintay à Bertrand la ligature est bien lisible, dans la communication où Brigitte m'annonçait, il y a quelques années, l'entrée de son frère en phase terminale, s'épèle le cri accompagnant le coup de téléphone qui apprenait à ma mère la sortie de liberté du mien – à la visite que je lui faisais en 42 dans un baraquement de Mérignac, comme pour être pardonné d'avoir l'année précédente, afin de me solidariser de je ne sais plus quel reproche que lui avaient adressé mes parents, rejeté le bateau à voiles miniature qu'il m'avait donné pour mon onzième anniversaire – répond celle qu'en 84 m'accorda Bertrand à la clinique où je subissais une opération bénigne, puis celles que huit ou neuf ans plus tard je lui ai rendues à l'Hôpital où on le soignait comme on pouvait alors, — avait aussi répondu, d'abord, l'enfermement d'une autre sorte où je m'étais trouvé à mon tour à Bordeaux une douzaine d'années après ce prisonnier d'un printemps, et l'autorisation de sortie permanente que j'avais dû me résoudre alors à venir chercher en cachette à Paris pendant trois bonnes années, de 55 à 58, chez un certain M. Hyde.

Les résonances, on n'a jamais fini d'en entendre : je retrouve le bateau de 41 dans les deux séjours que j'ai faits une quinzaine d'années plus tard au pays basque pour y apprendre à naviguer – ils répondaient à ceux des deux étés précédents à Montpellier, où l'on s'initiait à toute sorte de sports, où j'avais un temps cru pouvoir m'initier aussi à l'amour ordinaire, tout en venant y retrouver Frédéric, les fuites et fugues de celui-ci en Espagne, en espagnol, en Italie, trouvent écho, une trentaine d'années plus tard, dans celle de Frédéric II sur d'autres terrains, sans parler de l'envol, avec une ou deux ailes, dans les années cinquante, des Michelles à répétition, et de bien d'autres échos plus ou moins retentissants.

On a, me semble-t-il, cru entendre dire qu'on avait parlé de moi pour faire référence à quelqu'un dont on ne peut dire que des mots couverts.

On pourrait s'y tromper, si on savait qui on est.

La conduite du récit ne vaut pas sans appel récitation à comparaître.

❧

Colombe

C'EST LA MÈRE MICHEL qui a perdu ses dents.

Une colombe n'en a pas.

Qu'est-ce donc qui pouvait bien manquer à celle-là pour que son essor fût entravé ?

Pas la couleur non plus : à la différence du pigeon, elle est blanche, on ne pouvait reprocher à la mienne d'être pâle.

Ce qui lui manquait, c'est du relief, et de la marge.

Il s'agissait d'un timbre, mais d'un des temps héroïques, qui n'avaient pas encore de dents.

Ce qui pouvait, entre autres, leur conférer de la valeur, c'était une marge respectable, respectabilité d'autant plus requise qu'il s'agissait d'un timbre suisse.

La colombe de Bâle.

Timbre illustre : un des *must* de la philatélie des origines. Matériellement, figurativement, une pauvre vignette, un oiseau minimal, triste, terne, étriqué, mal à l'aise – tout ce qu'il faut pour avoir l'air authentique : les faussaires ne se donnent pas tant de peine.

Celui-là, comme d'autres, me venait de ma mère, qui tenait sa collection d'une amie d'enfance.

Elle, ou l'amie, la colombe qui avait perdu ses dents ?

Et le pigeon, était-ce, comme il le prétendait, l'acheteur éventuel à qui je proposais mon timbre sur le marché des Jardins des Champs-Élysées, ou plutôt moi face à lui, à ses remarques critiques, ironiques, sarcastiques, manipulant et agitant, comme le montreur de marionnettes voisin, les menaces voilées, du type : « les flics, moi c'est mes copains... » ?

Je ne me suis tout de même pas laissé faire par lui ce jour-là, mais, autant que je me souvienne, plus tard, nettement plus tard, chez un expert ayant pignon sur rue, qui me l'a achetée un assez bon prix, en la tenant pour un faux, mais ancien, et bien imité.

D'ailleurs, aux Champs-Élysées, était-ce vraiment la colombe ?

N'en était-ce pas un autre, tirant un peu moins à conséquence, et à qui, lui, il manquait bien une dent ? – un timbre d'Amérique latine, orange, avec une drôle de surcharge, et pourtant si propre sur lui qu'on avait du mal à se retenir de le prendre pour un faux ?

La surcharge pouvait, elle, être la marque d'une révolution triomphante imprimée sur la face d'une brillante vignette émise sans complexe par le pouvoir précédent – ou, au contraire, celle d'une restauration frappée sur l'éclat éphémère d'un timbre émis comme un doute par une révolution ratée, ou du reste encore, dans l'un et l'autre cas, celle du produit par mille, dix mille, cent mille, ou un million, de la valeur initiale affichée sur ce petit bout de papier fait pour voir passer sans état d'âme les dévaluations successives qui accompagnent ce genre d'épisodes, ou les précèdent, les occasionnent, à moins que ce soit eux qui leur servent de prétexte.

Cependant, dans tous les cas, les timbres qui en procèdent n'atteignent pas des valeurs considérables : il faudrait qu'il fussent, par exemple, bien plus ratés — et ce nouveau doute, comme l'évocation des épisodes qui le suscitent, me met sur une autre piste, tracée par le représentant d'une autre succession de péripéties un peu antérieures, héritier usurpé d'une révolution ratée bien de chez nous – héritier indirect, mais du moins légitime, d'un autre usurpateur de révolutions, bref un timbre d'un franc, peut-être pas comme l'or, mais tout de même plus solide que tous ces pesos, à l'effigie du prince-président ou déjà empereur, la barbiche assurant la continuité de l'un à l'autre.

Mais alors avec, ou sans dents (en 1848-1849, il a dû y avoir les deux) ? – et le marché aux timbres, était-ce, aussi, en juin ? – et de quelle année ? 44, 45, 48 encore ?

Était-ce en juin 48 – ou en 51, en 52 ?

En tout cas non, pas si tard : à ce moment-là, j'avais perdu mes illusions, et l'argent hérité, à travers ma mère, de l'amie de cœur trop tôt disparue, et de ses précieuses vignettes, devait avoir depuis longtemps cessé de me permettre d'acheter des partitions.

❧

Épreuves

UN EXAMEN est un rite de passage ; il faut d'abord se faire inscrire, on est alors autorisé à passer l'écrit.

Ce qui s'écrit est souvent bêta ; mais si ça s'est bien passé, on peut, à la fin, subir des épreuves orales.

Dans le passé, c'était différent.

À l'origine les premières épreuves sont orales : ce sont des cris ; ils s'inscrivent sans tarder, c'est du B-A—BA.

Si on a su les archiver dès qu'ils sont imprimés, tout va bien, on joindra l'alpha à l'oméga.

Sinon, on peut encore essayer d'agir sur eux, songer, par exemple, à les écrire.

Encore faudra-t-il corriger les épreuves : c'est fou ce qui s'imprime.

Un gilet pare-balles doit être à toute épreuve : elles et lui, c'est du solide.

Alternative ou appoint, il y a, aussi, ce qu'on a sur le cœur.

Avec, ou sans, certains ont été protégés par leur portefeuille, d'autres par leur agenda.

J'ai conservé les miens depuis près d'un demi-siècle, je les relis de temps en temps ; de temps en temps aussi je me mets à écrire des journaux — dedans, beaucoup plus rarement.

Avec ou sans, qu'est-ce qui ne s'imprime pas ?

Mais après, il y a les épreuves, et, comme en voiture, il y a la place de l'imprimeur, et celle de l'imprimeuse.

J'ai le tort, souvent, devant mon ordinateur, de me mettre à la place de l'imprimeur ; je crois, parfois, voir l'ordonnateur faire signe à l'imprimante, et j'ai beau ne pas être impressionnable, je crains d'avoir à attendre le retour des épreuves.

Quand on a des pellicules, quand, donc, on est capable encore de se faire des cheveux, c'est fou ce qui s'imprime !

À l'encre plus ou moins sympathique, mais, quoi qu'on dise, indélébile : il suffit d'attendre que ça se développe.

Les images virtuelles deviennent des images latentes, puis passent à l'attaque.

Contre elles, sans attendre, on a avantage à prendre les devants : du poison, une hache, suivant son penchant.

J'ai voulu en empreinter une chez le prhéteur (la phourmi n'est pas prêtresse), je lui ai phisciu mon billot que je la lui rendrais, je me suis phait rephiller une métafore.

On n'était pas d'accord sur les thermes de l'esciange, c'est moi qui me suis retrouvé dans le bain – trop tard pour arrêter le développement des épreuves.

Tant qu'on a des pellicules, c'est fou, ce qui s'imprime !

Tant qu'il y aura des pellicules, on pourra reproduire les épreuves à l'infini, ou peu s'en faux.

Viendra un jour où on sera passé au tout numérique.

Tout se jouera alors, non pas entre 0 et 1, mais avec l'un et l'autre, un point c'est tout : chaque fois, l'un, ou l'autre – il n'y a rien entre les deux.

Faudra-t-il attendre que les épreuves se reproduisent toutes seules ?

Comme je le disais l'autre jour, un de ceux où j'étais dans un ou deux états pas loin du choc, il y a des choses qui ne vont pas aussi bien qu'elles devraient dans la s'écriture, sans parler des religions : j'appréhende le retour des épreuves.

❧

États

Fatigué de travailler à la rédaction de mon rapport sur l'*État Présent des Recherches en Paternité*, je me suis allongé entre trois grands vieillards à barbe blanche, figurant la docte ignorance, la folle sagesse, et le temps perdu.

Je fume en écoutant les sons pleins de la lune, et rêve, sous l'empire du soleil, de lire *L'enlèvement d'Europe en Fatrasie*, ou *Le Traité des Joints* de Cardan, que je crois voir ouvert devant moi : je suis en piètre état, j'ai de mauvaises lectures, je les accumule.

Cela me rappelle un autre livre, qui m'avait occupé autrefois.

C'était encore sur les quais de la rive gauche, en amont de la piscine où j'avais, peu d'années auparavant, pris ma première leçon sérieuse de natation.

Si je me sentais, maintenant, attiré par ce quartier, c'était le fait d'une passion naissante pour les volumes en tout genre qu'on y peut trouver à l'étal des bouquinistes.

Celui-là, comme bien d'autres, ne payait pas de mine : au dos délabré de la reliure en basane de ce petit in-quarto du dix-septième siècle, ne se laissaient discerner que quelques lettres : ...E LA ...UAL...ES...ES ...ME ET...PS.

J'avais le temps, je feuilletai.

La page de titre était, elle, en moins mauvais état ; je me souviens qu'on pouvait, sans trop d'incertitude, y déchiffrer : De La/Qualification/Des Estats/De L'Ame/Et/Du Corps.

Comment, toutefois, en articuler les termes ?

Combien de titres annonçaient ces lignes successives ?

Un seul, ç'aurait été assez clair.

Quatre, presque autant, encore que singulièrement ambitieux pour un volume aux dimensions si modestes.

Entre ces extrêmes, il y avait d'autres solutions possibles – et de quoi hésiter.

Par exemple : *De la Qualification des Estats*, puis *De l'Ame et du Corps* – mais quel rapport ?

Ou *De la Qualification, Des Estats de l'Ame*, puis *Du Corps* : à la fois, pour le coup, ambitieux et hasardeux.

Même remarque, ou peu s'en faut, pour : *De la Qualification des Estats de l'Ame*, et *Du Corps*.

Ou bien encore, un peu plus cohérent, mais non moins énigmatique, *De la Qualification, Des Estats de l'Ame et du Corps* : de quelles qualités aurait-on voulu parler, et de quels états ?

Voire : de quels États ?

Le nom de l'auteur (j'oubliais !) était-il plus éclairant ?

Guère, puisque, bien lisible, il désignait, pour moi alors du moins, un illustre inconnu : Carydon de Garbejaire.

De même pour ce que j'attrapai au fil des pages liminaires (je modernise désormais l'orthographe pour ne pas lasser le lecteur).

« [...] Je peins l'homme dans tous ses [é]tats [...] » : celui du texte ne laissait pas même voir si ceux-ci débutaient par une majuscule ou une minuscule, et celui où j'avais vu le premier homme rencontré, comme je le rappelais tout-à-l'heure, un peu en aval, puis celui dans lequel il m'avait laissé, ne me donnaient guère envie d'aller plus loin : quel sot projet que de les peindre !

« [...] Qu'est-ce qu'un homme de qualité ?

Celui qui peut se prévaloir de nombreux titres [*bon ! voilà l'écrivain qui montre le bout du nez !*], naturellement crédule, incrédule, indispensable, inutile, incertain, certain, timide, téméraire [*ça, c'est plutôt le journaliste*] […] »

« […] Qu'est-ce qu'un homme sans qualités ?

Un éon [*leçon que je préférais à :* un néon, *anachronique à bien des points de vue*] que notre imagination engrosse à Riom-ès-Montagnes, un milieu entre toutou et vaurien, une sphère infinie dont le chantre est partout [*après la gnose pornographique, la mystique musicale ! mais peut-être fallait-il lire plutôt :* chancre *: la médecine obsessionnelle, alors ; à moins qu'il s'agisse d'une faute d'orthographe greffée sur un effet d'accent auvergnat*], quelqu'un qui essuie le bec des perroquets [*qu'est-ce qu'ils viennent faire ici, ceux-là ? – c'est n'importe quoi !*] […] »

Avant d'aller plus loin, je m'interrogeai un moment sur l'auteur.

Carydon, cela ne me disait rien.

Je n'en étais pas à une lettre près, j'en écrivais beaucoup cet été-là, en particulier à mes amis Pierre-Maurice et Alain-Gérard, mais j'avais encore bien des lacunes à combler, et pas seulement en littérature.

Garbejaire, en revanche, cela me faisait penser à un autre camarade du Lycée : Krabger, dont, de l'autre côté de la Seine, à la fin de l'autre été, celui où je lisais ou écrivais les *Confessions*, je m'étais amusé, nous promenant dans le jardin des Tuileries, à titiller la curiosité en me targuant de secrets dont j'étais porteur ; en fait, je n'avais dès lors plus de raison de dissimuler mon identité – et c'est bien pourquoi je pouvais m'amuser à ce petit jeu – mais j'attendais la rentrée des classes pour la révéler.

Enfin ça, c'est une autre histoire : je reviens au texte.

En parcourant la suite, je restai perplexe sur la visée de l'auteur, et sur l'unité ou non du titre.

Tantôt je croyais avoir à faire à un ouvrage de moraliste ou de médecin, ou de médecin moraliste, cherchant à définir et caractériser les passions, les maladies, les sensations et les sentiments, à en traquer les ressorts, complicités et conflits – du coup aussi, parfois, à celui d'un politique, analysant froidement leurs négociations, leurs dissensions, leurs alliances, et leurs combats.

D'un voyageur, d'un historien et d'un géographe même (d'où l'hésitation sur la graphie du terme central), visitant, arpentant et décrivant le royaume de l'Âme et celui du Corps, leurs principautés, provinces, et colonies, racontant et commentant leurs guerres et leurs révolutions.

Ou bien d'un métaphysicien, cherchant dans l'indépendance des états des deux États – disons : des deux instances, ou au contraire dans la solidarité qui les lie, les preuves de leur réduction à un seul domaine d'être, ou de leur séparation substantielle.

J'en arrivai à me demander si j'avais bien lu la page de titre, ou – ce qui revient au même en l'occurrence – si elle n'était pas fautive : n'aurait-il pas fallu lire : *Déqualification* – ou mieux, *Disqualification des états de l'âme et du corps* – façon de mettre en cause la fixité, la fixation, voire la fiction des trois termes ?

Ou bien, au fait, la *Didascalifiction* ?

De quoi ?

Mais bien sûr !

J'y suis, maintenant : la *Didascalifiction des États de Languedoc* – on y a, au dix-septième siècle, joué fameusement la comédie !

C'est bien dommage que je n'aie pas, alors, lu le livre avec plus d'attention, et que je n'aie pu l'acheter.

Au point où j'en suis, je ferais peut-être mieux de l'écrire, et je sens que l'envie m'en prend : décidément, l'état de la littérature laisse à désirer.

☙

Écran

Je suis – sauf lui bien sûr, mais peut-on vraiment dire que, alors, il l'a vue ? – le dernier à avoir vu Irène Ménessaire.

C'est Guy Nogaret qui, le surlendemain au matin, m'a réveillé d'un coup de téléphone en m'annonçant (affolé, à entendre ma réponse, de s'apercevoir qu'effectivement il me l'annonçait) la nouvelle qu'il venait d'apprendre à la radio.

Abasourdi, horrifié, je n'étais cependant pas aussi surpris que Guy, comme tout autre à sa place, pouvait le penser.

D'abord parce que, j'en prenais mieux conscience du coup, j'avais à ma manière déliré avec Henri dans les semaines ou mois précédents, juxtaposant mes dérapages aux siens, profitant de la confiance que, à titre personnel du moins, j'avais toujours cru pouvoir lui faire, pour me conforter dans l'illusion que la façon dont je sortais moi aussi de la norme était bien naturelle.

Tout de même, la manière dont, quelques jours auparavant, à l'occasion d'une visite que je lui faisais, il m'avait voituré à travers Paris au hasard des associations de lieux et d'idées qui s'échangeaient entre nous – allant jusqu'à me proposer, au détour d'un de mes propos, une visite impromptue à une mienne relation un peu insolite mais menant apparemment une vie rangée, m'avait vaguement inquiété, et plus encore peut-être, à la fois le mal que j'avais eu à l'en dissuader, et la rapidité avec laquelle, quand j'y eus enfin réussi, il était déjà passé à une autre fantaisie.

Cet après-midi d'un automne bien avancé, je lui rendais en passant, comme trois jours plus tôt, une autre visite entre une séance de travail en bibliothèque et je ne sais plus quel rendez-vous pour lequel, bien que j'aie dû l'attendre quelque peu, je me suis trouvé en fin de compte en avance.

Il n'a en effet pas répondu à mon coup de sonnette, répété trois ou quatre fois.

À la dernière, quand j'allais renoncer, c'est elle qui est venu m'ouvrir d'un air un peu troublé, m'a introduit dans son bureau, me disant de patienter : elle allait le chercher, tenter de le convaincre de venir m'y rejoindre, espérant que ma conversation l'aiderait à se rasséréner : « il vient de me faire une scène épouvantable… »

Au bout de quelques minutes, il est arrivé en robe de chambre, cheveux en désordre, sans expression, s'est assis dans son fauteuil, y est resté immobile, visage fermé, regard figé.

J'ai entrepris d'engager la conversation, de lui rapporter quelques nouvelles, de lui raconter tel ou tel épisode récent de mes activités, de lui poser quelques questions anodines, savantes, personnelles, ou politiques, ne recevant au mieux en guise de réponse que de rares monosyllabes.

À force de chercher à meubler un silence de moins en moins interrompu, de plus en plus pesant aussi – pas du même poids, je le compris plus tard, pour l'un et l'autre – je pris maladroitement congé à son soulagement apparent, obtenant tout au plus de façon formelle, incertaine, sur le mode d'une indifférence peut-être vaguement sarcastique, qu'on laisse ouverte la perspective de se revoir bientôt.

De fait, je ne l'ai pas revu avant de nombreux mois.

Elle, donc, comme d'autres, j'ai été, ce samedi-là, le dernier à la voir vivante.

C'était aussi la première fois que je la voyais.

❧

Équivalence

DES CHIMISTES, il n'y a pas si longtemps, montaient sur leurs grands chevaux quand on leur demandait ce qui se cache derrière la propriété manifeste en certains corps de se lier à d'autres pour former, selon des proportions correspondant respectivement à chacun d'entre eux, en des séries aux limites infrangibles, des corps nouveaux dotés de qualités stables.

Fuyant comme le choléra l'entraînement passionnel des affinités électives, n'observant que ce qui se touche, se soupèse, et se voit : nombres et couleurs, figures et lettres, n'ayant jamais entendu parler d'atomes que crochus, et craignant de s'y écorcher, n'ayant quant à eux d'égards que pour la nudité des corps purs et simples et ne voulant, en ascètes du désir de savoir, rien connaître au-delà ni en deçà, ils renvoyaient dos-à-dos, sur un coup de pied d'égalité, l'imagination mécaniste et les doctrines sentimentales.

J'avais, il y a un peu moins longtemps, une heure de réception le vendredi matin, j'y voyais venir entre autres, surtout à certaines périodes de l'année, des étudiants en quête d'équivalences.

Durant ces séances de prise d'écoute, c'était à moi, souvent, qu'il incombait d'attendre : en d'autres périodes que celles où l'on pose ou se pose ce genre de questions, il arrivait que presque personne ne se présente, et je ne pouvais faire, dans l'intervalle, guère plus que du travail mécanique.

Rêvasser par exemple : laisser se profiler, flotter, prendre tournure, sombrer, remonter, surnager encore les noms, les souvenirs, les images, les mots, ne l'est pas moins que la frappe du tampon ou le report des notes.

Je pensais aux alouettes, à la philatélie, à Frédéric, aux chevaux, aux valeurs historiques… : dithyrambes et décris, courses d'obstacles, alouettes de l'espérance, successions d'optimisme, de romantisme, et de résignation, effigies rutilantes ou défraîchies, longues chevauchées, lassantes, dramatiques, ou fantasques, alternance des lueurs d'espoir, des noirceurs de la réaction, de l'amertume, de la révolte, etc.

Le lecteur a précédemment vu s'incarner ce genre de pâté en une vignette d'ancienne valeur nominale, portant la figure d'un triste héritier, au mieux deutérotype de la série des profiteurs–usurpateurs–ramasse-miettes des Révolutions ratées : timbre-miroir aux alouettes, à l'éclat pâli duquel je m'étais laissé prendre quelque temps.

Pour aller d'un terne empereur des Français à un autre plus brillant, de leurs silhouettes à celles de divers rois de Prusse, plus ou moins bons cavaliers, il y a toujours un chemin, comme d'un Frédéric à l'autre, à d'autres, à autre chose.

Frédéric, Frerdéric – mon frère Derrick ?

Drôle de nom, drôles de généalogies, drôles d'idées.

Derrick, mon frère : faudrait-il absolument, ce disant, qu'il ait l'odeur nauséabonde du pétrole brut ?

Après tout, n'est-ce pas ce qu'on appelle aussi l'or noir ?

Les puits de pétrole n'ont pas besoin de chevalement : c'est le propre des puits de mine de houille, noirs comme, peut-être, les chevaux qu'on y faisait jadis travailler. Un puits de pétrole n'a en vérité de noir que l'or, mais bien plus de valeur.

Frédéric II fut ce prince brillant, germain comme un frère, à la fois conquérant et lettré, philosophe et cavalier, accomplissant avec élégance ce que son prédécesseur par le nom, dont la valeur ne se manifestait guère qu'en équitation, n'avait fait que promettre.

À force de regarder caracoler les monarques Hohenzollern, on voit en audience venir les cavaliers.

Le mien avait l'air anxieux, sauvage, l'œil noir comme le cheveu, hirsute – et le poil, mal rasé.

De cette noirceur apparente, son nom de famille ne suffisait pas à rendre compte : il fallait prêter attention à celui de sa mère, à la naissance, andalouse, de celle-ci, pour y voir plus clair.

Cette attention, l'interrogation à laquelle elle permettait de répondre, la notation immédiate, d'abord, de ces noirceurs, en disaient long, je m'en avisai presque aussitôt, sur l'intérêt que je lui avais porté du premier coup d'œil.

C'était, je crois l'avoir dit, moi qui avais la responsabilité de proposer à l'Université les équivalences des premières années d'études susceptibles d'être accordées aux élèves ou anciens élèves des Classes Préparatoires des Lycées.

Il était dans ce cas, venait d'avoir vingt et un ans – l'âge qui, parce que c'était alors celui de la majorité, avait rendu inévitable le départ de mon frère au début de 1942.

Quelque quarante ans plus tard, la majorité avait régressé : il était majeur depuis trois ans.

Ce n'était pas, apparemment, un mauvais cheval.

Comme je n'ai jamais vraiment su quelle sorte de cheval pouvait bien être Frédéric, j'ai (plus tard) décidé d'appeler celui-là Frédéric II.

Comme s'il m'avait fallu en arriver à lui pour apprécier objectivement la valeur du premier.

❧

Étalement

tempore in uno,
cum sentimus, id est, cum uox emittitur una,
tempora multa latent ratio quæ comperit esse

Il est vivement déconseillé d'agir avec précipitation.

De subir aussi.

Vivement.

C'est le précepte qui me revient en tête, un peu avant quinze heures, le 13 décembre 1995, sur le boulevard Saint-Germain, pendant que je me hâte vers la Sorbonne, pour une conférence (est-ce moi qui la prononce ? – je n'en suis pas sûr en ce moment précis, j'ai autre chose à penser) : c'est jour de grève des transports, je suis à pied, marche d'un bon pas.

Cette dernière précision est un peu déplacée, ou, pour mieux dire, dépassée, puisque ma réflexion sur ledit précepte a pour point de départ, au moins relatif, de récents, et subits changements cinétiques et directionnels (le *et* est sans doute de trop : la direction est bien, si je ne me trompe, une des dimensions du mouvement.)

Je suis, c'est clair, personnellement engagé dans ces mutations.

Le 13 décembre, aux gens de mon âge, ça peut rappeler quelque chose.

Il me revient là-dessus une phrase d'éditorial, lue quand j'avais dix ans : « Il y a eu Montoire ; mais il y a eu le 13 décembre [...] ».

Était-ce dans *Paris-Soir*, dans *La Gerbe*, ou dans *Je suis partout* ? Plus collabo que moi tu meurs, mais la mort, alors, ne s'orientait pas dans ce sens.

Aujourd'hui, je suis ici, c'est le début de l'après-midi, et c'est plutôt, une fois n'est pas coutume, un peu réconfortant : que les transports soient en grève n'était pas prévu dans les milieux bien informés.

L'histoire ne se serait donc pas arrêtée avec les dernières années du XXe siècle ?

En tout cas on est en marche.

Donc, tandis que je m'achemine vers la Sorbonne, tandis que j'achève de traverser une petite rue, il vient de se produire un changement, d'abord, dans la vitesse du mouvement : ralentissement très marqué, sinon arrêt total – suivi aussitôt d'une accélération, accompagnée d'un net changement de direction.

Changement d'allure donc aussi.

Il y a lieu d'étaler.

Dans le temps unique à nos sens, celui d'une syllabe émise, se cachent nombre de temps dont la raison apprend l'existence.

Ils ne sont pas comptés.

À pas comptés, c'est cela que j'ai dit ?

Curieux : il ne me semble pas qu'ils soient en nombre, et je ne vois pas où j'aurais pris le temps de les compter.

J'essaie de préciser :

Dans un premier moment, le mouvement, au niveau des yeux du moins, se situe babord amures, au plus près, presque vent debout, avec énormément de gîte.

Ce n'est pas exactement cela.

Je reprends : il faut une course plus arrivée.

Au fait, on est plutôt sur terre qu'en mer.

Pour l'instant, du moins, il est vrai, plutôt en l'air.

Le temps compté, ça me rappelle encore quelque chose : l'isochronisme des petites oscillations, le balancier, la terre (nous y revoilà !) qui tourne à toute vitesse, la relativité du mouvement – pas n'importe lequel, ne l'oublions pas ! – la tour de Pise.

C'est, aussi, la chute des corps, l'inclination, ou plutôt l'inclinaison :

je n'en finis pas de tomber des nues.

Justement, c'est à Pise que je dois, le mois prochain, faire une conférence où il sera question, entre autres, d'un raisonnement qui se casse fameusement le nez.

Moi, aujourd'hui, ce n'est pas le nez.

Ou pas encore : c'est le temps qui me manque.

« Il m'a manqué », dit-on, lors, par exemple, qu'un domestique ou un garçon vous a passé le plat du côté qui ne va pas dans le sens des convenances.

Ça, Bertrand avait appris à le faire, et je crois que ça lui plaisait.

Il aimait servir les poissons, les découper, et encore auparavant – plaisir un peu malsain, de son aveu même – les éviscérer, vider les encornets, les retourner comme un gant, au travail ou chez des amis (chez lui cela ne s'y prêtait guère).

Les huîtres, en revanche, il n'aimait pas, lorsque je l'emmenais, lui, cette fois, au restaurant.

J'y repense – à Bertrand, à son travail, et aux huîtres, parce que (la mer de retour ?) j'en vois se déplacer à vive allure devant moi : étalage d'un banc à l'étal d'une brasserie, basculant vers le haut, sans que les tas s'effondrent ou que les paniers se vident.

Ce serait étonnant que des huîtres se déplacent de cette façon, ça ne doit pas être elles.

Donc – relativité du mouvement – quelque chose ou quelqu'un d'autre : je suis porté à penser que c'est moi, et c'est bien le moins que d'y reconnaître un étalage d'inclinaisons et d'inclinations.

Mais c'est sur le plat – je ne parle pas du plat de service, c'est d'un plan horizontal que je veux parler – que je vois devant moi (en train, du reste, de se rapprocher très sensiblement, mais qu'importe pour l'instant ?) se profiler de subtils dessins, marqués de rainures irrégulières, de grains, plus ou moins gris, plus ou moins blanchâtres, avec aussi quelques points plutôt noirâtres, voire franchement noirs, de lignes un peu évanescentes, brisées ou zigzagantes, parfois courbes, parfois effacées, d'autres un peu plus nettes et plus épaisses : c'est, je crois, ce qu'on appelle un camaïeu, non ?

Cela me rappelle le papier peint de la chambre d'enfants que j'occupais, plus ou moins seul, jusqu'au début des années 40 – le papier, du moins, qui en ornait (le mot est plutôt impropre, c'est le cas de le dire) les murs, avant réfection – mais y en a-t-il eu une avant la guerre ?, qui recouvrait aussi, et cachait, les portes des placards, jusqu'aux plaques de zinc irrégulières qui servaient à en masquer les fermetures.

Ce qui, à ce papier-là, faisait office de coloris, c'était une sorte de guillochage de blanc et bleu sales, un peu plus régulier, tout de même, que ce qui est en train de se dérouler chaotiquement sous mes yeux.

Cela me fait penser aussi au coloris bleu, un peu plus foncé, plus uni, plus propre aussi sans doute, sans en avoir tout à fait l'air (c'était, sauf erreur, ce qu'on appelle du bleu nattier, une nuance qui, à mes yeux, fait toujours un peu sale : est-ce exprès, et, dans ce cas, pourquoi, qu'est ce qu'on y trouve, ou qu'on y cherche ?), qui était celui des tentures et murs de la chambre « de ma mère » (en fait, c'était celle de *mes parents* : pourquoi l'ai-je toujours appelée ainsi ?)

Des doubles rideaux donc aussi – j'y reviendrai – ou j'y suis déjà revenu : l'ordre de mes récits n'est pas définitivement fixé, et je ne sais pas trop, au moment présent, ce qui est fixé ; d'ailleurs rien n'est fixe, pas autant, du moins, que je pourrais le souhaiter.

Dans tout ça, que de questions, que de souhaits !

Donc tout ça, c'est dans la tête.

J'aimerais mieux que ça y reste, et ce n'est pas sûr si je continue sur cette lancée : emporté, sans doute, par la rime ou l'assonance, le bitume peut être très dur avec vous quand on s'affronte à lui sans ménagement.

Ai-je encore le temps d'évoquer ce qu'on raconte sur le moment qui précède, et/ou suit immédiatement une mort subite ?

L'exemple traditionnel est celui du condamné à mort exécuté par pendaison, ou décapitation – mais ça ne se fait plus.

C'est peut-être à cause de la dernière cigarette, pour satisfaire aux revendications et protestations des ligues anti-tabac : quelle image donner du plaisir, en particulier du plaisir de fumer, plaisir suprême atteint en une fois, se substituant à la damnation prolongée des trois paquets par jour !

Labyrinthe des représentations du plaisir, et des pièges qu'on y redoute : mais comment s'en sortir ?

Alors, la solution, ç'aurait été de supprimer l'occasion du dilemme ?

Cependant, cette fois, je n'ai vraiment plus le loisir d'explorer ces hypothèses avec le sérieux et le recul qu'elles méritent.

Je vais donc donner – marins, mes amis, voudrez-vous me passer la vulgarité du propos ? – un petit coup de barre à droite pour redresser sur la gauche.

Le résultat a été moins un contournement de l'écueil, que, en une sorte de mouvement de bascule, un rebondissement sur l'obstacle à l'oblique, suivi très peu après d'un retour sur lui selon un angle de frappe non moins oblique, mais en gros inverse ou symétrique, avant l'arrêt, précédé d'un ralentissement beaucoup plus rapide : il y a de ces moments où la vie bascule, ce qui, si j'avais encore le loisir d'y penser comme c'était le cas dans le long moment, le long mouvement qui vient de se dérouler, me rappellerait l'été 43, ou celui de 92.

Maintenant, tout est égal.

Il va falloir se faire à de nouvelles idées, de nouvelles manières de voir les choses, de les ressentir.

Je me réachemine, par étapes, vers la station debout, m'aidant pour quelques instants d'une assise précaire, faute de mieux, sur une de ces bornes métalliques élancées qui servent à empêcher circulation et stationnement indus des véhicules sur les trottoirs.

Cela me rappelle aussi quelque chose, mais ce n'est ni le lieu ni le moment – la douleur passe les bornes, la mesure : étalons !

Allons !

En fin de compte, il y aura lieu de recoudre des muscles arrachés.

Mais c'est par la tour de Pise qu'il m'aura d'abord fallu passer : les corps n'en finissent pas de tomber.

La précipitation ne convient pas aux actions et aux passions.

Le récit est du ressort des unes et des autres.

❧

Ceux-là

Ce Candale, je ne l'ai pas cherché.

Comme une épine au bout du doigt, il s'est introduit dans ma narration par la bande, l'assonance et le scrupule, au bout de la nuit, suscité par d'autres récits pour la perversion du souvenir, porté par la voix des mémorialistes, comme une arête en travers de la gorge.

Celui-là, je ne l'ai pas cherché.

Celui que je n'arrivais pas à discerner au cœur de la nuit, c'était le père, celui dont le majordome est mort à trente-six ans pour avoir présumé de sa liberté, jusqu'à l'esclandre, à l'ignominie, à la torture et au cachot.

Celui que j'ai trouvé au matin, c'est le fils, celui qui, lorsqu'on lui demandait les *Pères*, répondait : « Je vous donne le mien de bon cœur. »

Celui qui riait du rire de ceux qui rient sans raison, celui qui est mort un 21 janvier (au fait, ce jour-là, c'était aussi, presque, celui de la naissance de mon frère, celui aussi peut-être – l'a-t-on vraiment su ? – de sa mort).

Celui qui est mort à trente ans, d'empoisonnement disent les uns, d'une passion trop violente, plus exactement d'excès érotiques, disent les autres.

Un médecin cynique renvoie les explications dos-à-dos en ricanant du mal d'amour invétéré dont l'excès l'aurait empoisonné.

Dix ans, trente, quarante, ou cinquante ans, c'est déjà beaucoup d'écart.

Au bout de plus de trois cents, je n'aurais pas dû le trouver.

Je ne l'ai pas cherché.

Comme un caillou dans la chaussure, il a pénétré dans mes récits par diffraction de la mémoire, comme une écharde sous la peau, dans l'insomnie, pour la mémoire de ceux qui, des Capulets et Montaigus, ont oublié jusqu'aux prénoms.

❧

Curriculum

C'EST UN TERME un peu ridicule, scabreux, risqué, qui prête à contrepéteries injurieuses, à-peu-près désobligeants, échos sarcastiques et ricanements entendus.

Si, pour couper court, et donner à voir qu'il ne s'agit après tout que d'une vie menée au petit trot, on lui rajoute son acolyte coutumier : *vitæ*, on risque d'en faire un peu trop.

Après tout pourquoi pas un acolyte plus naturel, comme *vitis* ? Parcourir la vigne est alléchant – mais pas donné au premier venu.

Il n'existe pas en langue vulgaire, avouons-le, d'autre terme que ce sobriquet pseudo-savant pour désigner l'itinéraire que chacun se targue d'avoir à soi, son singulier parcours de phore en thème, les étapes, stations, apogées, rebroussements, etc., qui le caractérisent en propre.

Le moins déplacé est celui de *souvenirs*, mais admettre qu'on ne se souvient que de soi-même est une abdication devant le désespoir, et avancer qu'une vie n'est faite que de souvenirs est encore plus désespérant.

Pour les autres, comme anecdotes, épisodes, moments, scènes, c'est carrément impersonnel, bien théâtral : comédie ou tragédie – et l'*égotisme* n'est pas le lot de tous.

Il faudrait d'autres néologismes, comme *autobiogrammes, *égologismes, *autogrammes, *égothèmes, etc. – mais ceux-là, et il y a les plus grandes chances pour que ce soit le cas de tout autre, n'ont de la langue vulgaire que le masque.

Au fait, pourquoi tenir tellement à la vulgarité ? N'est-ce pas trahir sa qualité de repris de justice ?

Comment parviendrai-je à faire effacer de mon parcours vital toutes les années d'enfermement encourues sous toute sorte de chefs ?

J'ai été, j'en suis sûr, condamné par contumace, et pourtant sans appel, à des lurettes astronomiques d'internement pour trafic d'égologismes sous influence, mythomanipulation de clichés et observance inconsidérée de conjonctions désastreuses, je me prépare, en faisant tout ce qu'il faut pour cela, à l'être encore sous de nouveaux chefs – de petits chefs montés sur leurs petits chars, à tomber sous le coup de nouvelles inculpations : truquage de processus verbaux, compromissions interrogatoires, contrefaçons d'autogrammes, antiérotisme de contrebande, traficage de souvenirs, passage d'égothétismes en fraude, association d'autobiographes mal intentionnés, contrepoints d'assistance à fugues de mineurs, brouillage de tables astronomiques.

Cela me pose sérieusement la *question* de l'aphasie : l'errance de mes stations me laisse en proie à des accès d'aphasie lunaire, et je redoute les réponses non moins que la question : le silence éternellement continu d'un lunatisme aphasique m'effraie, et plus encore la façon dont on risque d'en sortir, et dans quel état – de l'hypocondrie au panthéisme en passant par la mélancolie, l'uniatisme, la manie, les lunettes à prisme, et la *Schwärmerei.*

À Christiane Morelly, la meilleure amie de Jacqueline Bardot quand nous avions neuf ans, je n'avais, lorsqu'elle décocha sur moi l'imputation de tomber de la lune, rien trouvé d'autre à répondre que le regret de n'y être pas resté, arguant que ce devait être beaucoup plus intéressant d'y tresser des filigranes d'éclipse que de jouer ici à la marelle.

Moyennant quoi, pour des errances comme les miennes, je retombe, au terme de tant d'ellipses, sur un autre nom : *casier judiciaire,* comme l'astrologie autrefois lorsque, à la différence de l'autre qui, se voulant simplement judicieuse, rechignait pourtant à n'être qu'astronomie, elle se flattait de dessiner sur le parcours de chacun le jugement non des hommes de terre, mais du Ciel et de Dieu.

Il suffit cependant, pour éviter de trahir sa qualité de repris de justice, de ne pas en avoir l'air : on se fera alors beaucoup mieux voir, passant pour un personnage épris de justice.

Être *épris de justice* : qualité sublime – toutefois trop communément reconnue dans le monde pour que sa qualité de qualité ne soit pas suspecte.

L'ouverture d'un nouveau champ de course peut tracer des perspectives plus stimulantes.

Passant sur les esclaves qui en ont briqué les roues et mis les fouets en ordre, les chars, montant à l'assaut du bel avenir, tournent dans la carrière.

Quand on s'y lance, il est bien vu de partir du présent pour présenter à reculons son parcours de combattant : manière de rester face à l'obstacle en profitant de l'élan accumulé pour le mieux sauter, et en laissant si besoin est dans l'ombre les origines.

C'est comme pour les tours de France, du monde et d'ailleurs, les cycles et les révolutions, leurs tours, détours et retours : on doit se garder de confondre la carrière et la parade, les défilés et les cirques, plus drôles ou plus sanglants, à moins de faire soigneusement le tri avant d'espérer voir un jour son nom gravé dans la pierre : Médrano, très bien, les Champs-Élysées en cas de fête nationale, c'est encore bon, passe pour Carrare ou Gavarnie, mais pas Roncevaux ni Châteaubriant – on évitera de s'approcher trop près du soleil au risque de s'y fondre, comme de s'en écarter à l'excès sous peine de disgrâce – on ne multipliera pas les étapes, sans non plus s'y attarder davantage que ne le veut la bienséance : nous entrerons dans les carrières pour en déloger nos aînés, à condition de tenir fermement les rênes en ayant l'air de ne pas y toucher.

Les étapes, on aime à en observer un assez petit nombre, mais de belles, bien choisies, avec de la suite, de la cohérence, et peu de mots : ils suffiront si l'on a pensé sa vie.

On pourra même, alors, la chanter.

Bref parcours de la vie : faut-il vraiment que la musique ait partie liée avec la vie brève – ou la surdité ?

Couper / Coller

J'AI BEAUCOUP fréquenté la vie associative, surtout en solitaire : j'étais fort en thème.

Davantage qu'en version : *rara avis*, oiseau exclu ?

Rondouillard, pataud, indiscret, regard mécanique, voix grinçante, couleurs criardes, parleur sans raison, plus ridicule que comique, un ara n'est pas à sa place dans la chaîne des Aravis.

J'ai donc peu fréquenté la montagne.

Veillées, chalets, passe encore – les cordées, non : l'ascension n'est pas mon fort, tout au plus, médiocrement, sur le mode individuel ou binaire, guère plus, la descente cahotante et chaotique sur les longs patins, des chutes non mortelles, sinon sans douleur.

L'adhésion à une association est un rempart contre le vertige.

Il n'y pas de groupement stable sans coupure, sans exclusion – « il nous faut une ligne », disent les directions, et les accros – encore y faut-il des règles.

J'ai été membre du parti communiste pendant quelque trente ans, m'en suis, comme presque toute ma cellule, trouvé – par solidarité amicale avec un ou deux camarades avec qui je n'étais pas d'accord, mais dont la direction ne voulait plus, tout en n'osant dire pourquoi ni comment – à l'extérieur, sans en être sorti ni en avoir été exclu : ça ne me paraît pas juste, topologiquement parlant.

C'est sans doute que je n'appartiens pas au corps des mathématiciens.

L'ascension, physique ou sociale, n'est pas mon fait : aux montagnes, même d'or, j'incline à préférer, sans en être aussi inconditionnel que mon fils, les *Variations Goldberg*.

Un peu plus à l'aise en bordée qu'en cordée, la mer, je ne l'ai pourtant guère plus fréquentée que la montagne, moins longtemps en tout cas : mes navigations, mes régates, furent assez mal barrées, le seul trophée que j'y gagnai, ce fut trois ou quatre ans de secrète et légère passion pour un garçon agile, cinéphile avisé, longiligne, drôle et brillant, bronzé, à l'œil vif, à l'accent chantant, dont je ne pus me résoudre à épouser la sœur ; il a fini par comprendre, ne m'en a pas trop voulu, on en est resté là.

Je crois me rappeler, maintenant, l'avoir recherché vingt ou trente ans plus tard, retrouvé sans peine, notable un peu arrondi, installé dans une demi-bohème bon chic bon genre, confortable, respectée, douce-amère. L'un et l'autre, après tout ce temps, n'avions plus grand chose à nous dire : des banalités sur le temps, passé et présent, du style de celles que, pour le faire passer, s'amuse à débiter l'Éléate dans la deuxième hypothèse.

Après tout l'écart se resserre, je n'ai que sept ou huit ans de plus que lui, il eut, de la nostalgie, l'élégance de me laisser la meilleure part, nous en sommes encore, l'Un et l'Autre, restés là.

Ce n'était pas le même là : on ne s'y baigne qu'une fois.

Je participe volontiers à la vie associative.

Plutôt, en solitaire.

Dire que le clivage est l'opération consistant à fendre un diamant, un corps minéral, dans le sens naturel de ses couches, relève d'une générosité suspecte à l'égard de la nature : c'est, sous couleur de fixer le sens des mots, lui prêter beaucoup, lui donner un avantage bien trop exclusif.

Dans l'écriture et la pensée, les couches de sens interfèrent, et, quoi qu'en disent Rosmini, Jamblique, Louis Lavelle, et presque toute la philosophie, il n'y a pas si loin du style d'existence de l'esprit à celui de la vache, du corpus de ses œuvres au corps des machines – on a tort d'opposer corps propre et corps minéral, corps organique et corps collectifs, constitués ou non, la vie de l'âme à celle du corps, leur élan respectif aux mécanismes matériels de l'association : les chaînes les mieux disantes parlent à l'imagination, qui n'a rien à envier en audimat à l'entendement pur.

Il faut bien, il est vrai, y opérer des coupures, trouver un maillon où les rompre : on ne peut laisser mares et boues encoller les ficelles, chevaux et vaches communiquer par feux follets courant pied à terre.

Mais briser ses chaînes, les perdre, n'est pas non plus sans danger – presque autant que les franchir : on risque d'y gagner des adhérences, qui pourront à leur tour requérir une opération chirurgicale.

J'ai à diverses reprises travaillé à la chaîne, en association libre.

Je comprends très bien, encore que j'y sois personnellement porté, que l'on veuille faire passer la ligne de clivage majeure entre le piano et tout ce qui n'est pas lui – par exemple : la flûte à bec, une paire de claques, les amygdales, du vague-à-l'âme, la joie de savoir que le voisin du dessus s'est fait voler son scooter, une embellie, la patte arrière gauche du crocodile, des clubs de sports, le principe de réalité, $\sqrt{2513}$, Gaston-Emmanuel de Tassin-Montempierre à neuf ans et sept mois, l'idéalisme transcendantal, quelques arts décoratifs, l'ouverture forte à 2 ♥, une chaussette neuve en fil d'Écosse trouée, le *Traité du Sublime*, Zanzibar, que sais-je encore ? – il est bon toutefois, pourvu qu'on n'attache au choix des césures en mineur pas plus d'importance qu'elles n'en méritent, d'opérer et d'instituer dans l'ensemble de l'univers un minimum d'ordre et de distinction, d'observer, sans leur porter un respect religieux, les limites et décisions qui en découlent.

Halte à l'arbitraire !

Ceux qui ont fait du latin savent que germains sont les frères naturels : une phratrie n'est pas une association tout à fait comme les autres.

C'est une collection de (clan/destin)s : individus naturellement associés par le sort de la naissance, ou socialement par les noms, par les sorts jetés à la naissance et par la naissance, qui les laissent tôt ou tard chacun à soi-même.

J'en ai fait partie, comme d'autres, avant d'être clandestin.

Le sol, en montagne, est majeur, en Autriche comme en d'autres lieux : on ne se risque pas sur n'importe quel terrain, la vie est à ce prix.

Pour le ski, les risques sont moindres, mais non négligeables.

C'est à quoi n'avaient, semble-t-il, pas trop pensé les responsables de l'association universitaire de tourisme à qui je dois mes premiers pas dans ce domaine, en emmenant, pour les vacances de Pâques 1948, un groupe de garçons et de filles, n'ayant en commun que le hasard de leur présence cette année scolaire-là en des classes préparatoires de divers lycées parisiens, dans un bourg des monts du Tyrol, terre de valses, de chansons, de laendler et d'opérette où des Français s'occupaient alors à jouer le rôle d'occupants, pour des leçons de ski impromptues données par un agriculteur du village, plus ou moins relayé par le couple de jeunes enseignants faisant fonction de responsables du groupe, lesquels, de ce genre de glissades, n'avaient guère plus de pratique que nous.

Mes premiers pas en ce domaine, donc, mes premiers glissements dans ce domaine skiable, lequel est loin d'être à mépriser ; mais pas fin avril aux environs de neuf cents mètres d'altitude, et en cette époque lointaine, où l'on montait plus aisément à peaux de phoques que par les rares téléphériques existant, et moins encore par des téleskis inexistants.

Plutôt donc que de flâner ou batifoler dans l'herbe, nous tentions, à marches forcées de plus en plus haut, de trouver les rares plaques de neige fondante réfugiées à l'ombre de quelques vallons boueux pour des glissades impromptues et chaotiques, jusqu'à tenter vers la fin du séjour, grâce au seul téléphérique existant dans les parages, la grande expédition qui devait permettre de descendre, enfin, quelques centaines de mètres du dénivelé d'un glacier sur lequel, au bout de trois ou quatre cents mètres de parcours linéaire, je me suis retrouvé ski planté, avec une foulure ne me laissant rien de mieux à faire que d'en descendre le reste à cloche-pied.

J'y bénéficiai, entre autres, du secours désintéressé et réconfortant d'un gentil garçon du groupe, d'un an à peu près mon aîné (il était en taupe à Sainte-Geneviève de Versailles, moi en hypokhâgne à Louis-le-Grand), assurément dévoué parce que bon chrétien, mais pas seulement.

J'admirais en particulier, non sans m'en étonner un peu, la tendresse à la fois respectueuse et protectrice qu'il manifestait envers son frère faisant aussi partie du groupe, son aîné de quatre ou cinq ans, de loin l'aîné de nous tous (responsables mis à part), cyrard qui rattrapait par sa fantaisie et son entrain cette différence qui de prime abord l'éloignait un peu de nous.

Ce n'était pas la seule : il y avait aussi, par exemple, les dents qui lui manquaient.

Ces différences s'expliquaient elles-mêmes par une autre distance, dont il indiqua d'un mot la mesure au passage, lors d'un repas un peu frugal ou grossier à l'auberge, au détour d'une conversation plaisamment menée sur les nourritures de remplacement auxquelles recourir en cas de besoin : touffes d'herbe, escargots sortis de leur coquilles, lichens, limaces, œufs plus ou moins pourris d'oiseaux quelconques, en introduisant gaiement, par un détour fugitif en la bémol mineur, la mention d'une expérience qui nous manquait à nous, et qu'il avait acquise à Buchenwald.

Il possédait donc, du chant germanique, une pratique plus directe que la mienne ; elle lui permettait apparemment d'en mieux maîtriser les modulations, et m'aide, surtout maintenant, à comprendre la vénération que portait à ce frère qui, lui, était revenu, son cadet.

Ce dernier et moi étions, en dépit de toutes les différences et éloignements, en sympathie ou en harmonie, au moins par la sensibilité, et je me souviens bien davantage du ton fraternel que du contenu idéologique de nos longues conversations, sur la plate-forme à claire-voie en bout de wagon du train qui mettait presque quarante-huit heures pour nous ramener à Paris.

Nous nous sommes, je crois, revus une fois vers la fin du printemps, à l'occasion de la festivité de post-stage, regroupement coutumier d'individus variés en bordée, où chacun, pour faire comme les autres, s'applique à jouer le rôle de braillard timide, alternant tyroliennes et chansons de corps de garde.

Je n'avais pas beaucoup de voix, plus de timidité encore que les autres, peu de disponibilité malgré l'absence de concours pour moi en fin d'année : je profitais du loisir que cela me laissait pour me risquer à présenter la moitié des épreuves – les certificats de langues anciennes, Latin, et Grec, d'une licence de Lettres, pour lesquels je n'étais pas mal préparé : j'étais fort en thème.

Je les ai décrochés en passant, haut la main, comme, autrefois, dans les manèges de chevaux de bois du parc Monceau, des jardins du bas des Champs-Élysées, ou des Tuileries, l'anneau qu'il fallait, à chaque tour et retour, enfiler sur la baguette de bois, plus grossière que celle d'un chef d'orchestre, qu'on tenait fermement du poing droit serré : à l'âge de quatre ou cinq ans, j'y réussissais avec des fortunes variées.

Il n'y a pas de passage d'une idée à une autre sans intervention du principe de plaisir, pas de plaisir sans déplaisir : j'ai tenté à diverses reprises d'associer toute sorte d'objets divers, passant graduellement de l'un à l'autre comme la variation insensible des nuances du cou de la colombe à laquelle se complaît la nonchalance sceptique.

Je n'ai pas collectionné que les prix, les mentions, ou les anneaux : j'ai pratiqué les variations sur la fortune en d'autres lieux et d'autres domaines que ceux qui proposent manèges, honneurs, ou glissades – en un de ces lieux-là aussi, il est vrai.

Il n'y a pas de passage d'une idée à une autre sans intervention du principe de plaisir-déplaisir, pas de société sans échange, celle des collectionneurs n'échappe pas à la règle.

J'en faisais partie autrefois : collections de cailloux ramassés au hasard des chemins, de bouts de crayons, de plumes d'oiseaux, soigneusement recueillies au hasard des mues, promenades, méfaits de chats, voire de chiens.

De timbres encore, au marché aux timbres des jardins des Champs-Élysées, ou ailleurs, moins hasardeusement.

La base de la mienne me venait de ma mère – elle la tenait de je ne sais plus qui : dentelés ou non, plus ou moins soigneusement découpés, collés, comme mes plumes, dans des feuilles d'album.

Pratique infantile, que j'eus le tort, dans mes premiers pas sur cette voie, de poursuivre quelque temps, au risque d'ôter toute valeur à mes possessions et acquisitions.

Le milieu des collectionneurs reste enfantin quoi qu'il en soit : la valeur n'y est marchande que jusqu'à un certain point.

Certes, comme dans la grande société, on n'y coopère que pour se rouler dans la farine, mais il y a autre chose : on n'échange pas les timbres comme le blé, la toile, la force de travail ou le fer.

Pas non plus comme les propos, les lettres, ou les serments.

On s'échange des timbres pour se les montrer, pour se montrer, se faire valoir, parce qu'on jalouse le partenaire, qu'on rêve d'être envié : collection d'individus puérils, société excluant les fidèles, comme d'autres les infidèles.

J'ai beaucoup fréquenté la vie associative, recherché la compagnie de drôles d'oiseaux vivant en bandes, ramassis de vilains petits canards, vols de cygnes fredonnant en solo *La mort et le jeune homme*, sans oublier les nuées d'oies sauvages et envolées de mouettes rieuses.

Bon voyage, les oiseaux, ne vous égarez pas : gare à l'exclusion !

Ne vous fiez pas au hasard : regardez devant vous, ne perdez pas le Nord.

Si vous rencontrez des trolls, vous les saluerez de ma part.

☙

Carnet

Les choses, on en fait la part, les gens, non.

Sans dromadaires pour l'admirer, je parcours le monde des mots ; je n'y trouve guère de perles, ni de diamants, plutôt des faux : autant en emporte la mort.

Quand j'y consulte les carnets, c'est rarement pour y fréquenter *in extremis* les ambassadeurs, les administrateurs de société, les académiciens, les douairières.

J'y cherche plutôt, dans l'espoir d'en trouver de moins en moins, ceux qui ont disparu à trente ans, remémorés par leurs parents, un ami, d'autres amis, des collègues.

❧

Consolations

C'EST DÉSOLANT.

Je n'arrive pas à nommer insolation l'étonnante arrogance qui peut vous saisir quand on se trouve à Saint-Honorat, quai de Béthune, ou en Irlande.

Et quand on me prétend que l'isolation thermique est une opération consistant à faire retraite en sa chambre d'hôtel à Wiesbaden, Brides-les-Bains ou Karlovy-Vary, je reste sceptique.

J'accorderais davantage confiance à ceux qui m'assurent qu'il faut prendre la condamnation par le bon côté : ne pas se sentir seul en enfer, disent-ils, c'est consolant – si je ne me voyais par cette chute radicalement porté à reprendre les choses à la racine : la consolation, n'est-ce pas le destin de ceux qui se retrouvent toujours seuls à plusieurs ?

Il me semble, d'ailleurs, que c'est à peu près la façon dont certains théologiens ont défini, justement, l'enfer.

Et si je suis ainsi reconduit à ballotter entre les solitudes que j'appréhende dans la consolation et celle que je conteste à la cure, ce flottement incurable est à son tour, je crois, le symptôme auquel d'autres théologiens, ou les mêmes, reconnaissent les damnés : on n'en sort pas.

Trouver refuge, peut-être, en un coma insulaire ?

Oui, aux îles Balnéaires, bien sûr : aire connue.

Une installation sceptique, alors ?...

Ah non ! ça va bien : les entreprises sanitaires du quartier Popincourt ont déjà donné !

Toute la question est de liquider les torrents de larmes, autrement dit de les endiguer.

Mais il faudrait pour cela, comme on apprend à le faire avant d'aborder la pratique des sports de combat, savoir tomber sur du solide : décidément, on n'en sort pas.

Est-ce si sûr, et si simple ?

La consolidation n'est-elle pas l'opération qui consiste, de la part de quelqu'un qui a liquidé les liquidités que vous aviez eu la légèreté de lui confier, à vous promettre en échange, sur le papier, du vent dans un avenir impondérable ?

Quelle confusion des états de la matière, quel mépris de ses qualités premières !

Au fait, confusion, fusion : les chaudières bouillantes, on y revient ?

Tous dedans ?

Pour tenter d'en sortir, autant, à tout prendre, aller voir par soi-même ce qui s'y passe.

⁂

Enfer

DANS QUELLE VEINE poursuivre mon parcours, sur les traces d'artères d'un autre âge ?

Dans la même veine, sur quelle galère ?

Dans quels sables mouvants, quels abris menaçants, minés de galeries ?

Les rues de Paris portent des masques.

Des masques de comédie, de ceux qui servent à dissimuler damnations et enfers, à les simuler, à en faire rire : c'est tout un, ou mille morceaux.

Est-il vrai que la rue d'Enfer menait autrefois de Montparnasse à Montrouge ?

Il faut maintenant plonger assez profondément pour la retrouver.

Je ne sais si le morceau dont, dans une jeunesse qui n'était plus prime, je fréquentai les parages, en avoua jamais le nom.

Mais je me souviens d'en avoir longtemps, non loin du Lion d'où s'ouvrent d'anciens ossuaires, sondé les fondements subalternes, parcouru, dans la demi-lumière des ténèbres, les aériennes catacombes, humé les lisiers subtils, exploré à tâtons, dans le demi-sommeil des passions, les hauteurs marécageuses, les sublimes égoûts, sous la conduite virgilante d'un chantre à la voix tonitruante et l'accent yiddish, eux aussi masqués d'ordinaire dans le demi-silence de la règle.

J'en ai plus tard, bien plus tard, non loin de l'extrême retombée de l'*oppidum*, naguère recouverte, où des fidèles et des infidèles, coupables, innocents, ou coupables de l'être, étaient jadis à d'autres lions donnés en pâture, reparcouru les chemins en remontant la pente pour descendre plus près de la Seine, sous la conduite de Mnémosyne, en un guidage anamnésique vers la sortie convoitée par les garçons, convoyé par ses filles.

Me faisait-elle, pour faciliter l'issue, en application paradoxale de sa technique bienveillante, oublier la formule magique par quoi elles en viennent à se faire reconnaître, et distinguer ?

Celle du pile ou face où l'on perd toujours, du jeu des chevaux au hasard duquel les citadins sont conviés à s'associer – ou censés le faire – pour le pire, puis du double renvoi à l'indéfini, de la répétition des figures toujours identiques dans leurs changements, de leur éternel ressassement aspirant à s'en purger sans cesse.

Le ressassement : n'est-ce que la répétition de leur passage au crible ?

N'est-ce pas aussi – *se non è vero, è ben trovato* – dans l'abîme, la vaine et constante reconduction du rocher à des hauteurs imaginaires ?

Au reste, est-ce une question à laquelle on est vraiment contraint de s'attarder, faut-il s'astreindre à la subir sans cesse ?

Ressasser l'aparté des moments échus, le profil imminent des appréhensions, l'*apartheid* des affections qui-sont-là, c'est bien à la fois – n'est-ce pas ? – les monter, les tamiser, et les descendre, rouler sa bosse sur leurs montagnes, y tomber pour, sans fin, s'y redresser, y retomber pour les affiner, et mettre au rebut ce qui s'y trouve de plus grossier.

Quoi qu'il en soit, présente astreinte, de ces filles, de ces jeux-là, peu, de par la règle qu'ici je me suis donnée, me sont permis.

La musique, et l'histoire.

L'élégie et l'éloquence : elles, mieux encore, par, de la même règle, une autre application, qui seule m'autorise à la rigueur la comédie.

Sans quoi celle-ci ne me serait pas moins interdite que la danse, la tragédie, l'astronomie, ou le lyrisme.

Mais il n'y a pas de clé du purgatoire, pas d'ébauche d'un paradis : la comédie des enfers est de celles qui se jouent sans relâche, à bureau fermé.

❧

Coriace interlocuteur

« POURQUOI tu la limes, puisque elles sont autocassables ? »

Le regard de ses yeux bleus, limpides et innocents quand il me pose la question, tempère mon agacement.

C'est vrai que c'est irritant : on vous dit qu'il suffit d'appuyer sur le bout pour les casser, mais les trois quarts du temps on risque de s'y couper le doigt – encore heureux si on y arrive en les coinçant dans un mouchoir ou le pan de sa chemise.

En fait elles doivent être exactement comme celles d'avant : ils disent ça pour économiser une lime, c'est toujours autant de gagné.

Mais ce qui m'irrite aussi, c'est ce genre de questions, la façon qu'il a de les poser, et le moment qu'il choisit pour le faire.

Il faut toujours qu'il soit là quand on a cassé un vase, fait tomber un livre, renversé son verre, laissé glisser une pièce de dix francs dans le siphon du lavabo, ou qu'on essaie de revisser la monture de ses lunettes avec le bord d'un chausse-pied : air douloureusement surpris, sincèrement compatissant, ou au contraire indigné, scandalisé – comme si on lui avait demandé son avis, ou qu'on en avait besoin.

Et ces termes, où va-t-il les chercher ?

Il prétend qu'il ne sait pas lire : ce n'est tout de même pas moi qui vais lui déchiffrer le prospectus des médicaments !

« Et à propos, comment elle s'appelle, la maman du rhinocéros ? »

Ça, c'est le comble. Quand il commence, ça n'arrête pas, les questions à dormir debout. Celle-là, il me l'a déjà posée dix ou quinze fois : qu'est-ce que je peux lui répondre ?

Le plus rageant, c'est le « à propos » : pour lui, le coq-à-l'âne, c'est le dernier cri de la logique. Il est vrai qu'à trois ans et demi on ne peut pas lui demander d'être raisonnable, mais tout de même, il doit y avoir des limites.

Ce n'est pas qu'il soit bête.

On dit de ceux de sa race qu'ils sont intelligents. Et c'est vrai qu'il lui arrive, quand nous sommes à la campagne et qu'il batifole dans le jardin à la poursuite d'un merle ou d'un papillon, de se souvenir qu'il a faim et de rentrer voir s'il n'y a pas quelque chose dans son assiette – ce n'est pas toujours le fait du hasard s'il vient vers moi quand je l'appelle – et je l'ai surpris un jour dans la baignoire, l'œil fixé sur les robinets, occupé de toute évidence à résoudre un de ces problèmes que les instituteurs ne savent plus poser depuis belle lurette.

Mais le plus souvent il est incapable de mettre une idée à sa place devant ou derrière l'autre, et il y a des choses que je ne parviens pas à lui faire comprendre.

Ainsi, un autre jour, je l'ai trouvé réfléchissant devant une boîte de conserve, se demandant comment l'on dit « Sésame, ouvre-toi ! » en arabe littéral.

J'avais beau lui objecter que, n'ayant jamais étudié les langues sémitiques, il avait peu de chance d'y parvenir seul, qu'il y avait d'autres moyens, plus simples et sûrs même s'ils sont moins intellectuels, que la technique a ses avantages sur la méditation et la culture, il s'obstinait en silence.

Surtout, je n'arrive pas à lui ôter de la tête la conviction qu'il n'existe pas : il ne veut pas en démordre – et ce ne sont pas les dents qui lui manquent.

Sans même aller chercher des autorités (il a du moins cela pour lui qu'il en récuse le principe), j'ai beau lui représenter que le fait même de me le dire, d'en discuter avec moi, de refuser mes raisons, etc., prouve indubitablement qu'il existe, il trouve toujours des arguties à me rétorquer.

— « D'abord, si j'existais, ça se saurait ! »

— « Oui sans doute, réponds-je, oui, mais moi du moins je le sais, et toi aussi quoi que tu en dises. »

— « Non, je veux dire : ça se saurait, ce serait écrit dans les journaux. »

— « Quelle outrecuidance ! Mais non, tout n'est pas écrit dans les journaux, et d'ailleurs tu ne les lis pas – tu m'as bien dit que tu ne savais pas lire ? »

— « Je les regarde tout de même – et puis de toute façon, si c'était écrit dans les journaux, ça se saurait. »

Nous y revoilà ! La boucle est bouclée : il a le chic pour retomber toujours sur ses pattes – enfin je veux dire, revenir à la case départ, etc. – et c'est moi que ça met en boule.

Parfois ça continue comme ça :

— « Justement, je t'ai dit que *ça se sait.* »

— « Ça se sait peut-être, mais ça ne sait pas que ça se sait. »

— « ? »

— « Ben oui, si *ça* savait que *ça* se sait, *ça* serait *moi* – et ça ça n'existe pas. »

Je ne sais quel est l'obsédé qui lui a soufflé ce genre de propos.

Je me méfie d'eux comme la peste, je leur barricade ma porte, j'en calfeutre soigneusement les jointures, et si je les entends qui arrivent, je monte la garde en silence, armé d'un tromblon à toutes fins utiles : comment a-t-il pu faire pour agripper le fil de leur discours ?

À d'autres moments c'est avec la didactique des langues mortes qu'il poursuit son jeu : je peux toujours mettre les points sur les i, et sans invoquer le nom du philosophe ni donc son autorité, lui lancer dans les babines l'évidence d'un *ego sum, ego exsisto*, il me renvoie la balle dans les gencives :

« Justement, tu vois bien que ce n'est pas moi qui existe : *ego nominor leo*, et moi je m'appelle Victor… »

Il est certain que son identité le préoccupe.

« Pourquoi, me demande-t-il parfois, c'est pas moi la bête du Gévaudan ? »

Que répondre encore ?

Lui dire qu'il n'a jamais mis le pied à Marvejols risquerait d'être impropre, et en tout cas ne suffirait pas à le convaincre de l'inanité de sa question.

Quand il pose la même question à propos de la bête de l'Apocalypse, on peut lui dire qu'il ne s'agit que d'une bête mythique – à propos du monstre du Loch Ness, qu'il y aurait la quarantaine, et que son existence non plus n'est pas prouvée – toutefois dans ces deux cas l'on risque de retomber dans son fantasme de non-être.

Et pour le même motif je préfère ne pas mettre en doute l'existence effective de la bête du Gévaudan : il pourrait se croire autorisé à penser qu'il n'y a dans le monde et dans l'histoire que des animaux imaginaires.

Cela pourrait continuer longtemps.

Mieux vaut renoncer à la raison, mettre un terme à nos entretiens, et le laisser méditer en silence sur le vieux mystère égyptien de la présence réelle d'un dieu sous les espèces d'un chacal.

❧

Échappée

La vie humaine peut être comparée à une course, et la comparaison suffit à nous mettre sous les yeux toutes les passions, si l'on se souvient que dans cette course on n'a d'autre but et d'autre récompense que de devancer ses concurrents : s'efforcer, c'est désirer, se relâcher, c'est sensualité, revenir sur ses pas, c'est repentir, renverser qui vous précède, c'est l'envie, tomber, c'est à pleurer, serrer quelqu'un de près, c'est amour, voir tomber un des autres, c'est de quoi rire, les dépasser, c'est le bonheur, leur échapper, c'est insouciance, les avoir perdus de vue, c'est l'oubli, abandonner la course, c'est la mort.

Une échappée est une façon d'oublier tout cela, un moment où l'on ne se croit plus dans la course.

L'échappement libre, le mot vous a un air dégagé, c'est un procédé archaïque et simple, ça se pratique ou se pratiquait sur des deux-roues peu puissants et peu encombrants, ça économise de l'énergie.

Cela aurait donc beaucoup d'atouts pour être à la mode aujourd'hui – mais on ne peut pas tout avoir, c'est écologiquement incorrect, pour cause de pollution en tous genres : ça fait de la fumée, du bruit, ça répand des odeurs nauséabondes.

Rien à voir donc, ou pas grand chose, avec l'art de la fugue, qui est, lui, subtil, distingué, policé, discret.

C'est celui que Frédéric a pratiqué depuis son enfance.

Il y a du mérite, il y avait assurément des excuses : c'est, si je ne me trompe, sur une pétrolette de ce genre que son père s'est tué quand il avait cinq ou six ans.

Frédéric II a lui aussi pratiqué la moto, une cinquantaine d'années plus tard, sur un engin aussi modeste, mais bien entendu un peu plus moderne.

C'est une des raisons – sûrement pas la seule – pour laquelle l'accident qui lui est survenu le lendemain du jour où il avait reçu de moi une lettre où je continue de voir ce que j'ai écrit de mieux dans ma vie, fut beaucoup moins dramatique ; elle lui fournit l'occasion de me faire à son tour une très jolie réponse.

Être sur les gradins, c'est écrire l'histoire, prendre le départ au point d'arrivée pour faire le parcours en sens inverse, c'est déraison.

Il y en a qui cherchent à s'échapper des asiles, où, pourtant, on les traite bien.

Mais quoi ? ce sont des fous !

❧

Confusion

NE PAS SE RÉFUGIER dans sa tour d'ivoire : TOUS EGO !

Mais on y perd son latin.

Prendre garde au grec, pourtant : l'*égoïsme* ramène au point de départ.

L'hébreu, plus insidieux, est aussi compromettant : au pluriel cela doit donner, sauf erreur, des *Egohim*.

Pour peu qu'on se trompe de tour, et, que dans celle de Londres on cède à l'euphorie de la réconciliation entre Normands et Saxons, on retombe sur le couple inséparable Moi-Lui.

Et encore, sur un pied d'inégalité : le second y est, exclusivement, pris comme objet.

Subjekt/Objekt, en fait d'universalité démocratique, on fait mieux : deux chiens de faïence qui ne peuvent pas se regarder en face — ils le font seulement – de part et d'autre de la barre qui les unit-sépare, et, avec elle, sans vraie symétrie – à l'oblique.

Et puis c'est toujours la même chose : à défaut de latin, on revient à l'italique, et de tour en tour, à la première, celle de Babel.

L'usage des langues, quand on ne les sépare pas hermétiquement (encore du grec – et de l'égyptien par-dessus le marché !), est bien confus.

Crise

J'avais confondu Malebranche et Royer-Collard.

Ce n'était pas au premier coin à droite, mais au suivant que l'on trouvait les croquets nécessaires à l'accompagnement du Vin Santo pour un dessert florentin.

La confusion engendre la nostalgie : encore un commerce traditionnel remplacé par un restaurant comme il s'en ouvre partout dans ce quartier, et bien d'autres.

Comme une irisation, la nostalgie s'étend de proche en proche.

Je n'étais pas près d'en sortir : traversant la chaussée, esquissant quelques pas en direction de la rue Gay-Lussac, elle me ramenait à un autre restaurant où nous avait un jour réunis, puis séparés, pour nous réunir autrement plus tard, un affrontement décisif.

En dépit des attaches italiennes, plus romaines à vrai dire que toscanes, que je lui connaissais, le lieu de notre rendez-vous du jour se situait dans une tradition un peu plus lointaine, chinoise ou vietnamienne.

Mais la philosophie française y était bel et bien en question : il venait m'en annoncer la défection qu'il décidait d'en accomplir au profit d'un parcours plus à la mode, abandonnant la voie que m'en avait autrefois tracée pour moi-même un oracle, incompréhensible comme tous les oracles, et que je croyais encore pouvoir rester convaincu de le voir suivre à son tour.

Moment décisif : nous n'étions plus, ce jour-là, un en esprit.

Un peu comme l'hémophilie, la philosophie est une maladie qui est d'ordinaire l'apanage des hommes : les femmes ne font que la transmettre en silence.

Que mon oracle fût maternel pouvait-il expliquer qu'il en rejetât maintenant la parole ?

Paroles et moments décisifs – mais n'est-ce pas se voiler la face que de laisser entendre que tous ne le sont pas ?

Tout événement, tout incident, tout moment nous sépare de ce que nous étions le moment précédent, de ce qu'était l'autre, de ce qui nous entoure, trie ce qui était encore possible de ce qui ne l'est plus, prononce un jugement sur le passé et sur l'avenir.

Ce tri, ce jugement qui fait séparation, décision, c'est ce qu'on appelle une crise : leurs objets, leurs milieux sont variés, variables, il y en a qui affectent, ou traversent le cœur, la raison, le sang, ou les mots : il y a des mots qui viennent du cœur, des mots qui viennent du sang, ce ne sont pas toujours les mêmes, leur circulation non plus, la raison paraît souvent y être en éclipse – elles n'engagent pas moins ceux qui viennent et ceux qui retournent, ceux qui se transmettent, et ceux qui interrompent la transmission.

Je reconnaissais, retrouvais, éprouvais à nouveau ce qui s'était passé avec Frédéric une trentaine d'années auparavant : à son tour il m'annonçait, me justifiait le choix d'une autre voie – celle, pensait-il, de la sortie, de la coupure, de l'évasion, de la liberté – qui l'éloignait de moi et où je voyais, moi, pour l'un et l'autre, celle de la diversion, de l'égarement, de la blessure.

Ce n'est que bien plus tard, tout récemment, que je l'ai baptisé Frédéric II.

Je l'ai, après le déjeuner, raccompagné à sa voiture, celle, plus exactement, que ses parents lui avaient prêtée pour venir à Paris en ce jour de bourrasque et de pluie – d'où le dernier mot que, sans songer à mal, il me laissa au moment de se quitter :

« J'ai transformé la voiture de mon père en un tas de boue ! »

À trente ans de distance, cela se passait donc comme avec Frédéric, dont je suis l'aîné de deux ans : trente ans, comme ceux qui me séparent de lui, image retrouvée du premier.

L'impôt du trentième, c'était, je crois, une des recettes imaginées par la Révolution et l'État – celui, sans doute, du Directoire – pour sortir d'une crise : palliatif sans lendemain.

Il y a eu cette fois, heureusement, un lendemain, même s'il a fallu patienter un an pour en voir poindre l'aube : il faisait mauvais temps.

Une année d'éloignement, d'écartement, pour trente ans d'écart, la proportion n'est pas absurde : il faut se faire une raison – comme celle que, sans m'en consoler, fournissait le mot de la fin : la voiture de son père transformée en un tas de boue, c'était une raison.

Une année pour se la faire, pour s'y faire, l'impôt n'est pas exorbitant.

❧

Édiction

UN COUDE DÉJANTÉ, eh bien !, ça fait mal !
Je fais le bien et le mal tour à tour.
Plutôt un coup de déj' en thé ?
Un peu trop anglais, non ?
On risquerait de ne pas en vouloir, je préfère m'en passer : contre le destin je suis bien mal armé.

Un cou de déjamay, alors ?
Qu'est-ce que c'est que cet oiseau-là ?
J'espère bien que ce n'est pas un nom propre.
Si c'est un héron, il a bu un coup de trop, et pas de thé.

Pas de t : donc, le bitume, ça ne marche pas (enfin : marcher..., d'ailleurs je n'ai pas d'u) – et pas moyen de revenir sur terre, sur le stable.
Alors, sur le sable ? c'est peu s[t]able.
Le sabble, le scabble, le crable – le cramble...?
Je n'aurais pas d'u ; de toute façon, c'est un peu écœ[u]rant.

Bien mal faits qu'ils sont, les jeux : mal dits, mal dictés, mal édictés.
Bien mal : minable édition – plutôt, donc, point d'i (admirable éviction).
Mais alors, ça ne fait plus que six lettres, et que me reste-t-il ?
Benmal : beur, sépharade ?
Malben : plutôt breton – beuhrrke !...
Décidément c'est à vous dégoûter.
Blamen, c'est trop, mnable, pas assez, et de toute façon ça ne fait toujours que six lettres.

Ah ! blêmir d'un emblème aux meubles nobles ! – il ne faut pas rêver.

Quant à ôte é, facil[e] à dir[e] : on l'a fait, moi je ne m'en sens pas… – à ôte h : le Cours des Cinquante …, ça me rappelle quelque chose : mieux vaut passer.

C'était bien la peine d'ôter l'i – je n'ai pas dit Othello : je sais, c'est un nom propre – mal m'en a pris.

Non, je n'ai pas dit non plus d'ôter l'o.

Words, *Words*, *Words*, comme disent les ordinateurs.

Mais par la voix des hôtesses.

Les hôtesses ?

Celles de l'air bien sûr : les ôte s de l'r – elles sont aussi chargées de la pollution ; mais où donc y trouvent-elles de l's ?

Ça cent le çoufre : je flaire une excroquerie.

Mais il n'y a rien à en tirer : faut-il faire retour à la pollution ?

Neuf lettres – et que, ni avion ni oiseau, je n'aie pas d'l n'arrange rien : sans elles, on ne place, au mieux – et ça fait seulement six lettres, que la potion : elle est amère.

Ne me faites pas dire ce que je n'ai pas dit : je ne me prénomme pas Julep, et la maternité (neuf lettres encore, et qui rapporteraient peu) n'a rien à faire ici.

Donc retour aux hôtesses : sept lettres, à condition d'en poursuivre la consigne nominale.

Encore faut-il bien en avoir deux – effectivement, mal m'en a pris – et y joindre un ôte l : Voyageurs, Croix Blanche, Poste, Commerce, etc.

Mais justement, c'est dit : pour aller de l'un à l'autre je n'ai pas d'l.

Au reste, ici encore, on devrait même en avoir deux : oiseau stupide, manchot, pingouin… pire qu'un ara !

Faut-i[l] poursuivre ?

Ôte m : un totem, on ne peut guère s'en passer, mais chacun le sien.

Ôte o, justement, chacun fait ça par soi-même : il suffit d'un créneau.

Mais pour ôter l'o, c'est, encore une fois, une autre affaire : il y faut des démones.

D'ailleurs je n'en ai pas : ma s[o]if (*swaf*, ce serait traup b[e]au !) est insatiable, et de plus, une fois de plus, là encore, tu l'as dit, D D, il en faut deux.

Ôte r : pour faire un notaire, il faut de la haine – mais de la part de qui : des propriétaires, ou des non-propriétaires ?

En tout cas gare à eux : ils doivent se faire É D pour être bien gardés.

Quoi encore ?

Ôte u : le Tourisme Universitaire – je veux dire son Office – j'y ai, on l'a vu, autrefois participé : c'est une association.

Ôte x : …, autiste, …, autisme ?

M…! – je n'ai pas d'm, donc pas d'ôte isth[m]e.

Et Corinthe (ôte y) alors ? Ils sont trop verts, les raisins ? Et sont-ils si co[mm]uns ?

Oh[t]zut ! – décidément, mal m'en a pris.

Malappris !

Si on revenait au texte – au moins, au titre ?

Docinité ?

Ni docilité, ni idoinité : quel je de cuon !

Après ça, dire : « pardon ! »

Mais ça ne fait encore que six lettres.

N'importe : à la fin, bien ou mal, il faut jouer.

❧

Écharde

JE LUI AVAIS DONNÉ rendez-vous non loin de la Bastille, dans la partie du boulevard Richard-Lenoir vouée, après guéridons, percolateurs, verrerie et autres matériels de bistrot, cycles, motos et scooters, accessoires pour les engins et vêtements pour leurs conducteurs, aux matériaux plus solides et sédentaires de la propriété et de la propreté, de la sûreté et du bien-être, chauffe-eau, marbres, baignoires, carrelages, sanitaires, quincaillerie en gros ou demi-gros à l'usage des serruriers, devant un de ces magasins de vieille tradition et de technique moderne où l'on fait commerce et industrie de tout ce qui sert à enfermer biens et personnes, à fermer bâtiments et locaux : blindages, cadenas, coffres-forts, clés, grilles, verrous, à les ouvrir aussi, et à ouvrir sur la reproduction de ces instruments, leur répétition, leur évolution : ébauches de clés, machines à les tailler, et autres outillages à nom ou allure de rébus.

L'ouverture de l'épisode était une annonce parue dans le *Gai-Pied* au début des années 80 :

> CHEVEUX GRIS BCBG. JH 21 ans, cherche hommes 45 à 60 ans, virils, actifs, poilus. J'aimerais qu'ils soient mariés, pères de famille, de bonne condition sociale et très discret [*sic*]. Je ne peux recevoir. Photo obligatoire et réponse assurée.

Suivait un patronyme à consonance auvergnate, et un numéro de poste restante dans le XIe arrondissement.

La faute d'orthographe pouvait être imputable au claviste, à moins d'un lapsus révélant la singularité du désir.

Le plus singulier, c'était, à côté des quelques précisions risquant de faire penser à un gigolo, cette demande de discrétion qui, s'ajoutant à la procédure de la poste restante, cadrait mal avec une telle hypothèse.

À quoi peut-il ressembler ?

Moyennant les précautions appropriées, celle, d'abord, élémentaire, de recourir de mon côté à la même procédure, il valait la peine de chercher à en savoir un peu plus.

J'avais donc écrit.

La réponse promptement reçue confirmait les singularités de l'annonce, et les éclairait.

Par sa franchise, sa sincérité, son impatience, son ton décidé, direct, et chaleureux, elle dépassait mes espérances :

> Pour M. Olivier
>
> Bien reçu votre lettre qui me plaît beaucoup.
>
> J'ai 21 ans, 1 m 72, 62 kgs (environ).
>
> J'ai indiqué que je désirais rencontrer des hommes avec certains qualificatifs (poilus, virils, etc...).
>
> Chacun ses goûts, ceux-ci sont les miens.
>
> – Pourquoi marié et père de famille ?
>
> parce que je sais que ces hommes-là ont d'autres idées, d'autres vues, et une autre façon de voir les choses combien plus interessantes et agréables que ceux, qui, stabilisés dans leur "ghetto", n'avancent et ne progressent en rien.
>
> – Pourquoi de bonne condition sociale ?
>
> pour différencier de la mienne.
>
> Je m'explique ; je fais un boulot qui ne me plait pas (dans une brasserie) qui me rapporte peu (tout de même assez pour vivre) et je ne tiens pas à me trouver face à quelqu'un qui doit surmonter les mêmes problèmes que les miens.
>
> Je pense qu'un profil comme celui-là est trop court et qu'il vaut mieux se rencontrer (ce dont j'ai très envie).
>
> Je n'ai pas le téléphone étant donné que je vis dans un hôtel meublé (que j'aimerais bien quitter d'ici peu).
>
> Je vous quitte en attendant de vous rencontrer (ce que j'espère)

Suivait un prénom en signature, puis l'adresse, précédée du patronyme suivi à nouveau du prénom.

Champeix Bertrand.

Vingt-et-un ans. De qui est-il l'ébauche ?

J'ai reproduit la lettre, comme l'annonce, telle quelle.

L'absence cette fois, à un ou deux accents près, de toute faute d'orthographe dans ces deux pages manuscrites, contribuait encore à m'intriguer, s'ajoutant à tous les contrastes que manifestaient les deux textes, si chargés de sens dans leur concision : discordances apparentes entre cette correction, l'écriture, un peu gauche, mais ferme, claire et lisible, la franchise presque brutale, bien que nullement fruste ni grossière, du message et du ton, et, à côté de cette rudesse, la pudeur attachée à l'expression sans fard du désir, la volonté affichée de sortir de la dèche jointe à la crainte d'avoir l'air de chercher à se faire entretenir, le besoin d'aide, voire d'affection, autant que le souci d'indépendance, en filigrane.

Au bout de quelques minutes d'entretien, je savais presque tout de lui.

Entre autres, que l'annonce, il l'avait rédigée avec l'aide de sa petite amie.

La lettre, en revanche, était de lui seul, d'où aussi, sans doute, sa sincérité plus criante.

Quant à la correction de son langage, elle n'offrait rien d'étonnant : il était toujours le premier de la classe à l'école de son village de Limagne, quittée seulement pour entrer en apprentissage dans la restauration à Clermont-Ferrand.

Sur le plan qui nous mettait en contact, je n'avais rien à lui apprendre, au contraire.

Il avait été dès l'âge de dix ans initié par un notable du village, et, à l'insu de tous – parents et grands-parents, sœurs (il en avait cinq, pas de frère, il était l'aîné), voisins, camarades, amis – la liaison s'était perpétuée jusqu'à son départ pour Paris, c'est-à-dire dès sa majorité, à dix-huit ans.

De ce départ, c'est-à-dire de quitter, de quelque manière que ce fût, le village, la ville proche, et la région, il rêvait depuis l'âge de quatre ans, voire de trois.

Non qu'il ait eu, le moins du monde, ce qu'on appelle une enfance malheureuse.

Il appartenait à une vieille famille du bourg, passée ou passant de la paysannerie au prolétariat : on y possédait sa maison, son jardin, un peu de terre encore, le père occupait à la Manufacture des Tabacs de Riom un emploi pas trop mal rémunéré, sa mère était bonne ménagère et maîtresse de maison.

« Mon père, c'est un con ! », disait Bertrand.

La seule fois où je l'ai vu, une dizaine d'années plus tard, un peu tard pour tenter de les réconcilier tout à fait, il m'est apparu comme un brave homme.

Mais à l'âge de Bertrand au moment de notre rencontre, il avait, comme tous les autres, oublié depuis longtemps ce que chacun sait avant de naître, que l'on ne tombe jamais sur le père qu'on souhaitait.

Il existait toutefois, je le compris vite, d'autres raisons à cette détestation que celle qui est le lot commun, en l'occurrence, l'imputation à l'héritage paternel de quelques-uns de ces crève-cœurs dont l'enfance vous fait à son tour un legs inaliénable.

D'abord, justement, la façon dont, en toute innocence, Bertrand avait été comme chassé de chez lui vers l'âge d'un an pour être élevé par une voisine.

Non assurément qu'il ne fût pas aimé, ni aimable, mais la charge était tout simplement trop lourde pour sa mère, avec sa première sœur, sa cadette d'un an, et surtout les quatre autres, deux séries de jumelles, qui avaient suivi à peu près au même intervalle, et dont le sort redoublait l'amertume du fait brut : de ces quatre là, deux jumelles étaient handicapées légères, assez pour justifier, plus tard, un placement dans une institution spécialisée – et l'une des deux autres, aveugle, à l'époque du moins où j'ai connu Bertrand.

Il se souvenait qu'elle ne l'avait pas toujours été tout à fait, et conservait en mémoire les jeux d'enfants, courses, poursuites, parties de tricycle, etc., où elle parvenait encore à tenir sa place, dans un paysage dont il n'oubliait pas non plus la beauté.

Ces particularités, jointes à la proximité par l'âge, m'ont aidé par la suite à comprendre, entre autres, que lorsqu'il disait « ma sœur », c'était sans ambiguïté de la première, la seule qu'il reconnût pleinement pour telle, qu'il voulait parler.

« Sa sœur » : c'est elle qui, pas loin de dix ans plus tard, à l'automne 1992, alors que j'avais depuis plusieurs semaines renoncé à tenter de reprendre contact avec lui, pensant que la perpétuelle absence que signalait son répondeur devait manifester, avec la discrétion qui lui était habituelle, un souhait de prendre ses distances, m'a téléphoné pour me donner de lui des nouvelles qui n'étaient pas bonnes.

En fait, il avait à cette époque repris tout à fait contact avec les siens, sans que ce retour signifiât la fin du reproche que sa vie adressait à la paternité exercée, par devoir de tradition catholique, avec intempérance, et à la maternité subie de même façon.

À l'époque où nous nous sommes connus, au début de l'automne 1983 pour être plus précis, il avait, sans rompre avec sa famille (il n'a cessé de correspondre très régulièrement avec sa mère, et « sa » sœur), pris depuis trois ans sa pleine indépendance.

Il n'avait pas eu de mal à trouver du travail dans ce quartier où bougnats et ex-bougnats tenaient bistrots et brasseries, moins concurrencés qu'aujourd'hui par les fast-foods et restaurants orientaux : son origine auvergnate et son apprentissage lui en avaient facilité l'accès, son dynamisme et son ardeur au travail lui garantissaient la solidité de l'emploi d'aide-cuisinier, homme à tout faire, et à l'occasion serveur, qu'il occupait pratiquement depuis son arrivée, et que sa liaison secrète, engagée aussi presque dès le début, avec la fille de son patron, le poussait à vouloir garder.

Cette liaison l'aidait aussi à supporter l'inconfort du logement qu'il occupait, et qui, plutôt qu'un hôtel meublé comme le disait sa lettre, était une sorte de galetas dans le grenier d'un immeuble vétuste du quartier : il n'y passait pas trop de nuits.

Entre temps, les relations plus secrètes encore qu'avait contribué à lui procurer son ami du village devaient avoir rendue plus aisée la transition à cette vie parisienne : j'ai cru comprendre, à travers la discrétion de ses propos, qu'il s'était à son arrivée fait héberger quelques jours ou quelques semaines chez une personnalité du monde médiatico-politico-artistique, et il avait eu dans ce milieu une ou deux liaisons auxquelles il avait mis fin, là encore, essentiellement par souci d'indépendance.

Nous nous sommes vus régulièrement dans la période suivante, une fois par semaine sauf empêchement de part ou d'autre, selon un programme qui comportait habituellement, après ou avant un passage à l'hôtel ou ailleurs, restaurant et spectacle.

Le cinéma, je n'y suis jamais allé aussi souvent qu'alors : il avait à m'apprendre sur ce terrain, avec une réelle culture, et un goût assez sûr.

Pour le théâtre, sa culture était un peu plus fragmentaire, et en partie plus récente : quelques-unes de ses relations y avaient contribué, il nous est arrivé d'en rencontrer.

Nous avons cet hiver-là rencontré aussi une fois, à l'Athénée, Marie-Laure, qui y était allée de son côté avec une de nos amies : j'ai présenté Bertrand, ainsi que je n'ai cessé de le faire, comme mon filleul.

Pour la musique, et l'opéra (la danse, il n'aimait pas), c'est moi qui avais beaucoup à lui apprendre ; il se montrait bon élève, et ce n'était pas une des moindres des joies de ce temps que de le voir, sur ce terrain-là aussi, s'ouvrir et s'épanouir.

La connaissance que je prenais de lui prolongeait et approfondissait les contrastes : il était à la fois costaud et fragile, hardi et timide, timoré et courageux, direct et discret, naïf et plein d'humour, et les petits mensonges invraisemblables qu'il lui arrivait d'inventer, par exemple pour justifier auprès de son patron un retard de quelques minutes dû tout simplement à l'oubli de remonter son réveil, ne faisaient que souligner son principal trait, peut-être, de caractère : sa droiture foncière.

Je ne pouvais m'empêcher, chaque fois, en le quittant, de me répéter une fois de plus en moi-même : « Quel gentil garçon ! »

Quelques mois plus tard, un jeudi, tandis que Marie-Laure et moi, un couple ami (la femme était, justement, celle qui accompagnait la mienne à l'Athénée le soir où nous nous étions rencontrés par hasard), et une amie commune qui nous avait invités là pour fêter son anniversaire, nous dînions à La Bûcherie, c'est sans tristesse, plutôt avec une sorte d'attendrissement teinté de mélancolie que, tout en admirant le quai, la Seine, l'île, et la cathédrale dans une belle lumière de fin de journée, l'une des plus longues de l'année, je relisais en pensée la lettre reçue de lui le matin même, où je voyais à la fois une clôture, et une ouverture :

Mercredi 27 juin 1984

Cher Olivier,

J'ai bien reçu ta lettre hier.

Il est cependant une chose que je dois te dire par souci d'égalité ou de confiance, d'honnêteté aussi, donc maintenant ; je n'ai plus envie que l'on couche ensemble. Inutile d'analyser et de chercher, ce serait vain. Cela fait partie des choses, pas très évidentes, qui arrivent comme elles disparaissent. La dernière fois s'est très bien passée (et sexuellement) comme beaucoup d'autres avec toi, d'où l'énorme difficulté de me comprendre. Et malgré l'ambiguïté qui me caractérise assez souvent, tu peux croire que tout ceci est vrai et juste. Depuis ta connaissance, aucune autre aventure n'est venue me déranger. Non pas par une idée de fidélité ou de principes, mais simplement à cause d'un désir qui ne m'a jamais bouleversé.

Tu as peut-être compris que pour moi, cet « incident » n'y change pas grand-chose. J'ai toujours envie de te voir quand tu voudras. J'aurais pu t'en parler, mais je préfère le dire comme ça (peut-être par timidité).

J'espère surtout que tu ne m'en voudras pas. Mais ça, c'est moins sûr, et j'en doute un peu.

A Vendredi 17h30 à l'Escholier.

Amitiés

Bertrand

Nous nous sommes en effet retrouvés au rendez-vous du lendemain, comme convenu, et, comme d'habitude, sommes allés au cinéma, et au restaurant, je ne sais plus dans quel ordre.

Je ne me souviens donc pas non plus à quel moment il m'a demandé si j'avais bien reçu sa lettre, et, devant ma réponse affirmative :

— « Alors tu ne m'en veux pas ? »

— « Bien sûr que non ! »

— « Tout le monde ne réagit pas comme toi, tu sais ! »

— « Je m'en doute. »

À part cela donc, rien n'a changé dans nos relations, sauf dans le sens, tout naturellement, de leur approfondissement, et de leur transparence.

Je l'ai aidé à se loger un peu moins misérablement – j'entends, en donnant ma caution au propriétaire de son nouveau logement, et en faisant dans ma voiture le déménagement des quelques affaires qui lui appartenaient – à étendre ses connaissances musicales, historiques, littéraires, etc., à commencer à reprendre des études.

Il a préparé et réussi l'examen spécial d'entrée en Université, entrepris des études de Langues, sans jamais cesser de travailler pour gagner sa vie.

Au bout de quelques années, il a fini par trouver le poste de standardiste de nuit dans un organisme paramédical qui lui permettait, pendant la journée, la poursuite du travail universitaire et l'assistance aux cours.

Je ne trouvais pas motif à m'étonner outre mesure de sa fatigue, souvent, des petits ennuis de santé qui l'agaçaient, de sa lassitude, à l'occasion, devant la lourdeur de l'effort, que je tentais de l'aider à surmonter par conseils, encouragements, etc.

Dans les derniers mois de sa présence à Paris, j'y réussissais assez mal.

Je ne sais si j'aurais dû, si j'aurais pu faire davantage pour ce gamin, de qui j'ai beaucoup reçu, beaucoup appris.

« Le gamin » : c'est le mot que, il y a trois ans, au village, vers la fin d'avril 1994, j'ai entendu dans la bouche d'un voisin qui, quinze jours après son trente-deuxième anniversaire, s'en servait pour parler de lui en évoquant un souvenir, lors de la petite réception que son père et sa mère avaient, selon la coutume, organisée chez eux au retour du cimetière.

États de choc

IL Y EN A de plusieurs sortes.

Ceux, par exemple, qui interdisent l'avortement et le suicide, ceux qui n'interdisent que le suicide, ceux qui interdisent l'avortement seul – et ceux où ils mettent les individus régis par chacun d'entre eux en y produisant des effets symétriques et inverses : dispositions à recourir à l'avortement dans ceux qui interdisent le suicide, pour éviter à de futurs vivants d'être condamnés à vie à choisir entre être condamnés à mort, ou être condamnés à la vie – au suicide dans ceux qui proscrivent l'avortement, pour sortir d'une vie qui risque de devenir invivable pour soi-même et un autre ou des autres – et aussi, dans les uns et les autres, disposition à accomplir l'un et l'autre interdit, ne fût-ce que parce qu'il l'est.

Il y a ceux qui mettent l'Étranger dans une demeure bien close et bien gardée, ceux qui les mettent en demeure de déguerpir, ceux qui, du fait ou non de celui-ci et/ou celui-là, vous mettent définitivement à demeure, auprès de vos ancêtres ou non.

Le risque de se trouver dans un ou deux d'entre eux en l'an 2000 n'est pas négligeable.

Faut-il se retourner vers le passé, se projeter dans un avenir plus lointain, chercher ailleurs, pour en trouver de plus tranquilles, de mieux policés ?

Il faudra y aller voir à la première occasion.

Cures

La cure Yogushi-Messerschkopf (on la pratique à Morlär-Baden, en Suède méthodiste), c'est toute une philosophie.

Mais c'est pareil, ça ne s'apprend pas dans les livres : il faut du flair, des guides, de l'intuition, de l'expérience – je vais vous confier un secret : si j'avais suivi les livres, les professeurs, les médecins, je ne serais pas là.

Le régime dissocié, le vrai, c'est un secret de longévité, si on le programme à long terme : une année sans sel, une année à ne consommer que des aliments violets (aucun risque de carence si on a de l'imagination, et ça oblige à se refaire en iode), une année à regarder du côté gauche quand on boit, une année à ne manger de légumes que ceux qui ne peuvent pas mûrir les mois sans *v*, une autre en s'abstenant des plats dont le nom s'écrit en plus de deux mots (mais on peut remplacer le pot-au-feu par du bouilli)… ; on a, chaque fois, un an pour calculer la prochaine étape, et, avant d'être au bout, beaucoup d'eau (attention au chlore !) sera passée sous les ponts (on peut ne se signer qu'une fois sur deux quand on passe dessus, sauf s'ils ont plus de cinq arches).

C'est comme les rythmes quadriennaux : j'en connais plus d'un qui, pour n'avoir pas su se retenir de prendre le thé du soir avant vingt-deux heures les 29 février, a perdu la vision binoculaire des couleurs entre 17 angströms et 25416 megaherz.

Mon compagnon est sorti le 12 avril dernier, le jour de mon trente-huitième anniversaire, à 14h32, pour me chercher des germes d'olive à la graine d'eberchibura naturelle du Bas-Himalaya.

Il n'a pas dû en trouver.

Mais j'ai confiance : au 29 novembre, saint Saturnin ramène les égarés.

☙

Central

AU MASCULIN, c'est un massif, un bar gay – au féminin, une prison, une partie de l'Europe.

On ne peut guère en être natif sans accent – mais on peut écrire le français sans faute d'orthographe.

Inutile donc de recourir à un *çobriquet* : pas si bête que ça, ni si fumeux – j'ai tout de même mis quinze ans, ensuite, à renoncer au tabac : c'était le jour de la mort de Pompidou, ou peu s'en faut.

C'était, ou peu s'en faut, une coïncidence, pas forcément une marque de guérison, à terme ou non.

J. K... : J. Kill, J. Kills, Jekyll ?

Pas J. Kill tout de même : il devait avoir le même accent en anglais qu'en français, et, recto ou verso, ne devait pas y faire davantage de faute d'orthographe.

Donc pas si bien caché que ça, ni si méchant.

À moins que – Dr. J. Kill – ce soit de la mégalomanie : se prenait-il pour une bande d'assassins à lui tout seul ? — ou bien du franglais, avec encore une trace d'accent, quelque chose comme une traduction avortée de : *jé syis in tyièrr'...*

Après tout je suis injuste : il n'a pas été le seul, ni le premier, à me condamner, il m'a fait accorder le sursis, m'a appris à lire dans toutes les langues, dans tous les textes, au besoin sans texte et sans mot, l'*Heautontimoroumenos*, et j'ai subi ma peine non sans plaisir, voire avec bonheur.

Immémorial en tout cas, ce Dr. J. K. : il est le prédécesseur de Mnémosyne.

❧

Coupe

Il ne suit pas aveuglément la mode : l'année de la boule à zéro, je n'ai eu à aucun moment à m'abstenir de le regarder dans les yeux.

Il n'avait pas cru devoir arborer une queue de cheval pour venir solliciter l'équivalence d'une année d'études.

Il a bien fait : je n'aime pas tellement, et à lui je n'aurais pas, alors, pardonné le contresens.

Au dernier trimestre, lorsqu'il a, sans bien sûr en présumer l'attribution à Pythagore, entrepris la lecture commentée d'une antique traduction latine des *Vers Dorés*, il s'en est, comme volontiers les Brésiliens si, métis ou quarterons, ils disposent pourtant de ressources suffisant à en assurer la dépense, parsemé le chef de paillettes par voie de décoloration, au terme d'une coupe au rasoir, de quelques dizaines d'extrémités de ses cheveux, qu'il a lui aussi très bruns, encore que moins raides.

Il aurait donc pu s'il l'avait voulu, une autre fois, les laisser pousser en souplesse de près de cinquante centimètres avant de les décolorer uniformément sur toute leur longueur pour mieux élucider, de l'intérieur, les significations du mythe d'Orphée dont il s'efforçait de percer le mystère.

Heureusement encore, cette année-là, ce n'était pas la mode : j'ai toujours pu le regarder en face, sans avoir à pianoter sur ses boucles le jeu de la mort de Socrate.

Tant d'années, que je lui ai lancé une O.P.A.* permanente sans parvenir à passer entièrement sous sa coupe !

* Option Privée d'Allégeance.

Celle où le petit toupet de la brosse, à l'avant, était nettement, quoique très légèrement, recourbé vers le haut, je me suis néanmoins refusé, en arguant qu'il ne connaît pas cette langue, à apprendre par cœur en grec, pour pouvoir le lui réciter à l'envers, le chant XVIII de l'*Iliade*.

Pendant qu'il décrit un lever de lune dans la brume, ou discute l'argument du quatrième homme, je crois entendre retentir l'article 72 des *Passions de l'âme* et je vois dans ses yeux, en avant du plan de coupe, une attention rieuse, d'autres phrases qui passent.

Certaines, au contraire, s'attardent – derrière, c'est le silence apparent.

Je parle, bien sûr, par métaphore : il y a, je ne l'ignore pas, des mots qui ne sont pas situés dans un seul neurone, ni même une seule aire de projection, l'on ne pense pas uniquement à l'avant des pommettes, qu'il a assez saillantes, aucun énoncé ne se forme à proprement parler dans les sourcils, etc. – je sais tout cela, et d'ailleurs je me demande bien de quelle sorte de miroirs sont les yeux, et de quoi.

Quand le plan de coupe se déplace vers l'arrière… — n'allons pas trop vite : ceux qui tranchent du conscient et de l'inconscient comme s'il n'existait que des lignes pointillées et des lignes en gras point à la ligne, me font penser à ceux qui se font voler le portefeuille ou l'agenda dans la poche droite en regardant à leur gauche, dans les yeux, prêts à lui mettre la main au collet, le voleur, ou qu'ils croient tel — quand, donc, le plan de coupe se déplace vers l'arrière, tandis qu'il feint, tel un moine détaché des soucis matériels, y compris ceux de la propreté, de commenter les sentences de Pierre Lombard en dégustant d'un air austère, démenti par son regard, un verre de Châteauneuf du Pape, je tente d'imaginer quel discours auréolé susciterait en lui l'épuisement d'une coupe de Veuve Cliquot.

Bien sûr, je continue de parler par métaphore : je ne lui ai jamais vu de cicatrice faisant tout le tour de la boîte crânienne, il ne porte pas le deuil des verres avalés, et il est loin d'être toujours mal rasé, même quand c'est bien porté.

Ce serait tellement simple, s'il n'y avait que du noir et du blanc.

Derrière le second plan, tandis qu'il trace au tableau ou projette sur l'écran un schéma en coupe du § 54 des *Méditations cartésiennes*, il m'arrive d'apercevoir le vert de l'espérance, le bleu du rêve, le rouge de la honte ou de la confusion, celui de la colère, que je ne distingue pas toujours bien de celui de l'indignation, ni même de celui de la timidité (mais il y a des cycles), d'autres encore – et j'ai toujours eu du mal à trouver dans la palette tout ce qu'il faudrait, à chaque instant, pour le rire : il m'en fait voir de toutes les couleurs.

Il doit y avoir des moments où le plan principal tourne (avec, bien sûr, une amplitude limitée – sinon, on verrait tout, ou on n'entendrait plus rien, ou les deux) autour d'un axe, sans doute vertical : comment expliquer autrement que je voie en telle ou telle occasion sourire le calme dans un œil quand dans l'autre blêmit l'angoisse, ou même, par l'effet peut-être d'une rotation moins incomplète, et plus rapide, dans l'un et l'autre et le même temps sensible, à la fois se tortiller l'agacement, éclater de rire l'insouciance, clignoter l'ennui, et luire le bonheur ?

Mais ça change à vue d'œil (celui de qui ?) : il vous joue de ces tours !

Il n'est jamais à court de nouveauté : la coupe est pleine – Dieu merci !

❧

Crochets

Comme les individus, il y en a de plusieurs sortes : des carrés, des obliques, sans parler des guillemets, les vrais, les typographiques, qui le sont doublement – et, comme les individus, on les apprécie diversement.

J'aime mieux les carrés, on y est mieux à l'aise, on s'y sent plus abrité, plus insignifiant, cela ne tire pas à conséquence (davantage en tout cas qu'entre des tirets, qui ne font que dissimuler l'essentiel pour le mettre en sécurité, une sécurité illusoire).

Il y a donc aussi les parenthèses.

Mes parents étaient avocats, il y a d'autres gens de loi dans la famille, je suis entre parenthèses : comme mon fils, je parais échapper à la justice, ni d'un côté de la barre, ni de l'autre.

Entre parenthèses : des barreaux tout de même.

Le crochet, c'était un jeu radiophonique, bête et méchant, de mon enfance : on y laissait chanter les candidats jusqu'à ce que le public, excité par les présentateurs, ne puisse plus supporter leur nullité, moyennant quoi le crochet les mettait au rancart.

Peut-être était-il déjà télévisé – réservé, alors, sous cette forme, à des privilégiés.

Ceux d'aujourd'hui, les jeux télévisés, et les privilégiés devenus majoritaires, sont encore plus bêtes, mais, censément, pas méchants : la gentillesse est maintenant requise pour exclure.

Je ne sais où et quand les suppliciés étaient pendus à des crocs, comme chez le boucher.

C'est rond, comme les parenthèses, et ça me renforce dans l'idée qu'il ne faut pas se fier à elles : on y passe trop de temps, et il est plus difficile, à moins de faire très attention, d'effacer ce qui s'y est écrit.

Toute la question est de savoir où l'on met les crochets, de quelle sorte de crochets on se sert, dans quel sens on les met, et aussi, mais plus accessoirement, ce qu'on y met.

Par exemple, la]vie(et la] }mort<, ça ne ([marche} pas trop fort : j'ai lu, ou écrit, ou publié [allez-donc savoir !] un livre où on dit que c'est la même chose, mais – de toute façon – je me garderai bien de prendre la chose à mon compte.

Pour mon compte, faut-il, par exemple encore, puisque on n'y peut plus rien changer, ouvrir les crochets en août 43 pour les fermer en juin 92, ou au contraire fermer la parenthèse en septembre 43, et mettre dès lors tous les signes au rancart ?

« Crochet ! », comme on braillait avant guerre.

Epicea

Les amants du discours s'interrogent pour savoir qui fait le tour du monde en nous enjoignant de nous éveiller pour nous bénir les uns les autres : l'amitié, ou l'amour de la sagesse ?

C'est, pensent-ils, que l'un et l'autre supposent le retrait, la retraite, ou les deux à la fois.

Ils séparent et unissent d'un même élan des individus qui, par les paroles ou dans le silence, y trouvent leur suffisance, ou l'y apportent.

Autour du village, il n'y a guère d'épicéas, surtout des châtaigniers, des pins, des sapins, des chênes – mais il n'est pas toujours facile d'y aller voir.

Le village, on en fait le tour, de haut en bas, de bas en haut, d'une épicerie à l'autre, en y bavardant, en se tutoyant, en s'appelant par son petit nom : Pascal, Jérôme, Toussaint, Pierre, Ange, Louis, Joseph, Paul, Antoine, Lucien, Dominique, Jean, etc. : épicurisme de retraités.

J'ai toujours tutoyé Frédéric, je n'ai jamais pu l'appeler par son prénom : autrefois, le cas échéant, par son nom de famille, ou à l'occasion, en public, en l'interpellant du titre de « camarade ! », plus tard, bien plus tard, maintenant encore, en tête de mes lettres, et avant d'y prendre congé, à l'aide d'un « cher ami ».

Est-ce pour cela qu'il a fui la philosophie ?

C'est elle, en tout cas, qui, si je me souviens bien, a commencé de nous séparer, qui menace, peut-être, de le faire à nouveau.

Au jardin, entouré d'amis, riant avec eux, bavard jusqu'au bout, le maître, sans en parler, supportait stoïquement ses aigreurs d'estomac.

⁂

Espoir

Le 2 avril 1996, dans le métro, sur la ligne 8, du côté des Grands Boulevards, pendant que je lisais *L'écriture ou la vie* (j'en étais à la page 235), les hauts-parleurs, dans les voitures, diffusaient l'avertissement, puis le rediffusaient : « La circulation des trains est interrompue sur la ligne 3 entre les stations Père-Lachaise et Galliéni, suite à un grave accident de voyageur ».

Au parent, collègue, ou ami, assis à côté de lui, mon voisin d'en face, un noir, commentait : « encore un plein d'espoir qui s'est jeté ! »

Est-ce exactement ce qu'il a dit, ou était-ce : « encore un riche d'espoir… » etc. ?

Ou bien encore est-ce cela que j'ai entendu ou voulu entendre, réfractant sur sa plaisanterie, si accordée à ce que je lisais et éprouvais, le titre : *Riche d'Espoir*, que donnait, en 1941, aux mémoires dont il entreprenait la rédaction, leur auteur, Roger Saintay ?

Il y racontait surtout une expérience théâtrale assez vite interrompue, comme le texte lui-même, resté inédit.

Le manuscrit se trouve à la campagne.

Je n'avais jamais pu le lire, jusqu'à la fin du mois de juin 1996, au matin.

Les dernières pages, il les avait écrites en ce même lieu où je les ai lues.

Il avait donc vingt ans.

« Saintay », ainsi s'appelait mon frère, aussi vrai que je m'appelle Bardet : j'appris un lustre plus tard que cette appellation l'avait, l'année suivante, dispensé, au jugement des autorités d'alors, d'avoir à présenter un passeport pour se rendre en Allemagne.

☙

Échafaudage

PROCLAMER sur le mur d'un immeuble bourgeois un peu sale, mais par ailleurs d'assez belle allure, qu'il s'agit des *pires façades*, est plutôt désobligeant.

J'ai de mauvaises lectures : PIRES FAÇADES, c'est le nom et la raison sociale de l'entreprise, affichés sur son échafaudage par l'artisan immigré qui a fondé celle-là et monté celui-ci devant l'immeuble dont il effectue le ravalement.

Les pires façades sont celles derrière lesquelles il n'y a rien : elles, on ne les ravale pas.

Les façades ne sont pas les seules choses à ravaler : il y a, par exemple, la nostalgie.

À cela, dit-on, sert, entre autres, le *fado*.

Encore faut-il qu'il y ait quelque chose derrière.

☙

Émotion

Ce qu'on appelle vie affective se ramène aisément au jeu d'une mécanique animale assistée par la machinerie des mots.

L'émotion s'est déplacée : au Grand Siècle, elle valait émeute. Manière, commode à ceux qui se plaisent à en massacrer les acteurs le cœur en paix, de dire que les hommes y changent de lieu comme des hardes mal embouchées de marionnettes ordurières animées par des locutions féroces.

Quand il s'agit d'optique, un condenseur a droit de se faire appeler condensateur : fameux système, ce système optique convergent qui sert à concentrer un flux lumineux sur une surface ou dans une direction déterminée, et dans le microscope éclaire l'objet examiné !

Lui, au moins, nonobstant ce double langage, ne cache pas son jeu. On voit ce qu'il fabrique : c'est un point de vue ; l'optique sert à cela, et quand elle s'y tient, elle fait assez bonne figure.

Il ne faut pas (à Thèbes on en sait quelque chose) se fier aux mots aveuglément : en physique (l'optique, donc, n'en fait pas partie ?), le condensateur, tout univoque qu'il soit cette fois, est un appareil constitué par deux armatures conductrices séparées par un milieu isolant.

Et après ?

À quoi ça sert, mystère !

Même si, comme les physiciens se vantent de le faire, on se garde de toute perspective téléologique, qu'est-ce que ça fait, qu'est-ce que ça produit, quel effet ça peut faire ?

Si on prétend débusquer la petite bête dans ses derniers retranchements, et que, faisant systématiquement la chasse à tous les *hystéron protéron*, on entend refuser jusqu'au : « et puis après ? », je pose la question : « Et avant ? »

D'où est sortie l'idée saugrenue de séparer par un milieu isolant deux armatures conductrices ?

Qu'est-ce qu'elles avaient fait pour mériter d'être séparées, isolées, mises au secret ?

Tout ça n'a pas de sens.

Il s'agit en tout cas, c'est vrai, de la matière, de la connaissance qu'on en prend, de la maîtrise qu'on en acquiert, et chacun sait que la matière n'a pas de sens, pas de sens à elle du moins.

Les mots, si !

Ils sont même faits pour ça, et c'est de mots qu'on parle ici : le condensateur, ni plus ni moins que l'émotion.

Autre mot plein de recoins, celui-là, retors à souhait (si on peut dire : je l'aimerais mieux plus sobre, plus franc) : l'é/motion, est-ce ce qui sort, ce qui ressort des termes composant un projet de résolution ?

Mais une résolution, est-ce autre chose que la sortie d'une dissonance ?

Peut-on la projeter, où, comment, sur quel écran, dans quel avenir ? Peut-on le faire devant une assemblée ?

L'é-motion, est-ce, alors, la façon dont on sort des mots ?

Les mots qui sortent en cette occasion ? La manière dont, en les prononçant, on se sert d'eux pour s'en sortir ?

Question de mots : propos déplacés.

C'est bien naturel : dans *émotion*, décidément, il y a mouvement.

Peut-être n'y a-t-il que ça.

Propos déplacé : l'émotion, c'est déplacé, j'ai pleuré parfois trop tôt, presque toujours trop tard, il vaut mieux en rire.

La théorie de l'animal machine s'exerce au mieux à retracer l'itinéraire des passions, leur secret cheminement.

Sacré parcours !

Si l'émotion, c'est déplacé, inopportun, malséant, impropre, inconvenant, mal venu, incorrect, politiquement et moralement, etc. – c'est que c'est animé de mouvements déconcertants pour qui s'y connaît mal en mécanique : les émotions font partie du monde animal, elles se rangent dans ces espèces d'animaux très-changeants et très-mobiles qui ne tiennent pas en place, ces bêtes obstinément instables qui vont toujours se fourrer là où on ne les attend pas.

Quand il s'agit d'animaux domestiques, d'animaux de compagnie surtout, cela ne manque pas d'avantages, ni de charme.

On peut, les prenant à contre-pied, se servir de cette transposition facile pour les enfermer à l'occasion là où ils seront moins gênants, s'amuser, aussi, à les placer pour un temps en des lieux insolites afin d'en tirer des effets cocasses, dont on pourra même – retour à l'optique – tirer des clichés.

Si ce sont des carnassiers sauvages, des parasites, des rongeurs, des insectes nuisibles, c'est moins drôle.

Ne pas pouvoir téléphoner à X ou Y sans que l'entretien soit ponctué de signaux d'appel, alors que ni l'un ni l'autre n'est abonné à ce service, ça peut n'être pas grave, encore amusant.

Être incapable d'entendre parler d'un drame caché sans en répercuter l'ébranlement, d'une mort annoncée sans s'en faire l'écho, de pratiquer le retour sur soi, d'expérimenter le retour sur soi du texte, sans ouvrir la porte aux lamentations, c'est déjà, quoi qu'il en soit, plus fâcheux, mais on peut toujours y reconnaître des phénomènes et effets de résonance, du type de ceux qui perturbent l'audition d'une émission musicale.

Ne pas savoir lire les comptes-rendus d'un concert calamiteux sans partager le désarroi des musiciens, d'une comédie qui a mal tourné, d'un four retentissant, d'une représentation unique, première et dernière, sans en plaindre les acteurs et spectateurs, vous fussent-ils inconnus, on consentira à y voir le symptôme d'un déréglement de l'humeur.

Être hors d'état de suivre les inflexions d'une ligne mélodique, entrevoir le modelé d'une phrase, les couleurs d'une harmonie, prêter l'oreille à la tonalité d'un énoncé, s'exposer au retour de bribes de conversations et autres discours, tracer le profil d'un phrasé, sans être au seuil du désespoir, qu'on appelle cela un ensemble d'impropriétés n'est pas absolument exclu.

Tout de même, que je ne puisse plus me remémorer ou me représenter l'effet d'une modulation chromatique, ou enharmonique, regarder un balcon, situer l'emplacement d'un village de Thuringe, emprunter un raccourci, m'interroger sur la généalogie des ducs de Candale, calculer l'excentricité d'une ellipse, transporter dans une plaine d'effondrement un hameau du Bocage, sans avoir à me retenir de sangloter, c'est déplorable.

Que je n'aie pas de tiroir où ranger les bouts de phrases qui reviennent : « … je ne peux plus le supporter … est-ce que je peux te poser une question ? … mon fils est mort ! … non, tu ne sais pas ? – une fugue en Italie, avec un petit copain ! … mais quand est-ce donc qu'il va rentrer ? … je suis un peu fatigué, je vais essayer d'aller me reposer … ils se sont fait prendre ! … il vient de faire une scène épouvantable … devancer la fin pour en rester maître, est-ce le moyen de s'en sortir ? … il en avait gros sur la patate, le gamin … », c'est autre chose qu'un simple trouble des fonctions du langage : comment s'en débarrasser ?

Me trouver désormais incapable d'évaluer l'écart d'une métaphore, de reprendre la lecture de la seconde partie du *Discours de la Méthode*, repérer l'insertion d'une écharde, jauger l'impact d'une métonymie, m'aviser de la présence entre deux virgules d'un pronom personnel au cas sujet dans sa forme accentuée, loger un café des Grands Boulevards dans un commerce du quartier Popincourt, indiquer la mesure ou estimer la portée d'un instrument ou d'une phrase musicale, calculer la distance d'une métathèse, m'attaquer aux rêves d'animaux dépourvus de collier, peser la charge d'une litote, sans fondre en larmes, c'est davantage qu'être à côté de la plaque : c'est une vraie maladie.

On en connaît de pires encore.

Il y a de ces propos : définitions et éléments de définition, interjections, mots de la fin, interrogations, énoncés déclaratifs, en forme de constatation ou de rappel, exclamations, etc. – s'accompagnant ou non de chants ou de rires, de ricanements ou de cris, eux-mêmes audibles ou non – qui, lorsque l'on entreprend de les chasser, s'en vont nicher en d'autres lieux, plus ou moins insolites, dont on ne les délogera pas qu'ils ne transmettent leur message à d'autres sons ou syntagmes plus ou moins semblables, à d'autres phrasés, d'autres phrases, aussi banales, d'allure souvent plus anodine encore qu'eux-mêmes ou leurs substituts, et y condensent leur force de gémissement.

Que je ne puisse plus mettre en place le transfert d'appel, jouer aux dés vies et morts, les miennes et les autres, sans l'aléa d'étymologies truquées, sans aller jusqu'à en trafiquer les enjeux – que j'aie du mal à lire la *Préface* de la *Contribution à la Critique de l'Économie Politique* sans éclater en sanglots, à la relire sans éclater de rire, on n'aura pas tort d'y voir aussi bien une image des fluctuations de l'âme, une illustration des mouvements désordonnés de l'humeur, que la manifestation des effets pervers de la réflexion, quitte à rappeler – comme il n'est pas rare qu'on se plaise à le faire en passant, au cours du dernier trimestre de l'année civile, devant des groupes d'adolescents avancés et très jeunes majeurs, plus souvent incompréhensifs ou inattentifs, voire agacés, qu'intéressés ou amusés – que la réflexion est un des processus élémentaires étudiés par cette branche de la physique mathématisée qui est la première parvenue à l'âge d'homme.

Pour une branche, être soumise à la taille, c'est être adulte ; c'était pour l'homme, autrefois, une marque de servitude : comparaison n'est pas raison.

Et après ?

On fera comparaître la raison des effets, la raison des affects, devant le tribunal de l'arraisonnement pur et simple, ce transfert de compétences donnera prise à contestation, on dira que c'est incorrect, déplacé, mal vu, etc. : façon de donner à croire, après tout, qu'après vaut mieux qu'avant.

Optique, jurisprudence, géométrie, télécommunications, mécanique, mémoire, électroacoustique, imagination, rhétorique, cela vous fait de drôles de figures, de tristes figures.

La lumière n'est pas mon phore : l'optique – figurez-vous! – m'a toujours ennuyé.

J'avoue qu'elle procure en cas de besoin des issues de secours non négligeables : manipuler des réglettes, repérer la position des images virtuelles, bricoler miroirs, lentilles, écrans…, toutes ces opérations par quoi l'on peut mettre les choses à distance sans les perdre de vue, les encadrer dans une perspective, les défigurer en les déformant systématiquement, prendre ainsi ses distances vis-à-vis d'elles sans rien en perdre, sans rien y perdre, tout ce bric-à-brac de déplacements réels et fictifs dont métaphores et autres tropes sont le reflet double ou triple, je veux bien y voir un moyen d'en sortir, des moyens de s'en sortir, un détour permettant peut-être d'endiguer et canaliser le flux des humeurs déréglées.

Rien de plus, rien de moins que des instruments utiles à la transposition des émotions, sinon vraiment à la purgation des passions.

Il y a aussi, bien sûr, c'est plus notoire, mais plus risqué, la musique.

La clarinette en la est un instrument transpositeur.

❧

Concert-promenade

J'AI, PENDANT une soirée de charité organisée par l'A.R.S. (Association des Rêveurs Solitaires), entendu le pianiste Hermann Deschoux-Berval interpréter les *Six Variations sur un Thème Latin Contemporain* du jeune Marx, composées en 42-43 à titre de contribution à la critique de l'économétrie des métronomes.

C'est un malade, et un fou – plutôt deux.

Il est, quant à lui, l'auteur du *Trio en Sol Mineur Délinquant*, du quintette vocal *L'Amour et la Vie des Trois Orangers et des Deux Grenadiers*, du *Voilage en Orient* pour chœur de femmes voilées, du *Cycle de la Sole Meunière* pour maîtres-chanteurs bavarois, de *La Truite et la Truie*, merlodie cochonne pour deux voix d'eau, de *L'Ombre du Chevalier de la Barre Oblique*, poèm/oisson d'avril symphonique en do miné, qui fait triste figure après Jules Massenet, Voltaire et Cervantès, si l'on met à part le chœur funèbre en forme de *Negro Spiritual* pour voix de black-bass sur les paroles *Desinit in piscem* qui lui sert de *Coda*, aux accents de laquelle a été menée la démaoïsation du Guilvinec dans les années 80 – de *S'il vit, c'est qu'il n'est pas Maure*, célèbre par son grand air du Valois scotché d'un doigt de Bourbon (très seizième en fin de course), et du *Viol du Cousin Germain* pour violon solo d'après Rimsky-Korsakov, une œuvre à donner le bourdon – mais quelle idée aussi de s'appeler Germain : de quoi relancer l'alliance franco-russe !

Il n'est pas seulement pêcheur en eau trouble, il va jusqu'à se lancer, à l'occasion, dans des affaires douteuses, proches de l'escroquerie.

Il a entrepris de fonder une affaire de *Cycles de Leaders*, qu'il suffirait, à l'en croire, d'enfourcher pour gagner le Tour d'Allemagne, il ne désespère pas de vendre au directeur du Zoo de Vincennes son *Emplâtre sur le Rocher* : c'est vrai qu'il a bien besoin d'être rafistolé, mais on a du mal à le suivre lorsqu'il prétend connaître la musique – comme on hésite à lui faire confiance lorsqu'il affirme que c'est au profit des sourds, afin de les aider à se faire construire un auditorium, qu'il se dit prêt à expédier à ceux qui auront payé d'avance un enregistrement sur bande dessinée de sa *Méditation des Thaïs*, œuvre de charité, non-chrétienne celle-là, pour chœur de muets et ténor aphone.

Je reconnais que c'était une bonne soirée.

❧

C'était écrit

Il y a ce qui s'écrit, il y a ce qui se lit, se relit, ce qui se lie et se relie : dents et bateaux, questions et énigmes, la mer, les fuites et les fugues, les dortoirs et les box, le téléphone, les lettres, les visites aux malades, aux prisonniers.

J'ai autrefois joué, comme les autres, sans en savoir les règles, au jeu du ballon prisonnier – sans en savoir les règles, ni sans doute l'enjeu, puisque je croyais que cela s'appelle la balle au prisonnier.

Lui renvoie-t-on la balle quand on est près de la perdre ?

Ce serait trop proche du foot-ball.

Les jeux sont répétitifs, pas seulement eux.

« Un ancien patient, dont l'analyse classique et satisfaisante s'était terminée dix ans plus tôt, revient. Il est angoissé et insomniaque depuis qu'il sait la mort prochaine d'un objet érotique et la maladie d'un objet d'amour [...] »

Il m'avait fallu parcourir tout cet espace avant de trouver, trois pages avant la fin, cette mention à laquelle je commençais de ne plus croire.

Cela me rappelait des propos plus anciens :

« Toi », m'avait dit ma mère, « tu seras philosophe ».

Qu'avais-je fait, ou dit, pour encourir un tel verdict, dont j'aurais été bien en peine de me représenter alors ce qu'il pouvait signifier ?

Pleuré, sans doute, de la jouissance d'un plaisir à la pensée qu'il prendrait fin : à cinq, six, ou sept ans, cela promettait en effet.

Entre les deux, ce propos de mon premier analyste, martelant : « vous n'êtes pas homosexuel, vous êtes impuissant ! »

Ces propos-là n'étaient pas écrits, mais puissante, elle, est la voix qui les inscrit dans la mémoire lorsqu'elle énonce une prophétie sur le mode de l'énigme, ou qu'elle va au-devant de ce qu'on croit vouloir entendre.

Propos, promesses, et prophéties : voix du retour sur soi.

« [...] depuis qu'il sait la mort prochaine d'un objet érotique et la maladie d'un objet d'amour [...] »

C'est, avant tout, ce bout de phrase qui m'a ramené auprès d'elle, à la fin de 1995, pour travailler à asseoir entre nous face à face, en endiguant les torrents de larmes, la conviction que cette maladie-là n'était ni déclarée, ni inéluctable, et que Bertrand aussi, je l'avais aimé.

La réécriture est à la mode, chez les adeptes des nouvelles rhétoriques, en principe pour parler de ce que d'autres font ou ont fait, parfois de ce qu'ils font eux-mêmes.

Je n'ai rien contre – même, je me hasarde à y participer aussi, avec les avantages que je reconnais sur le plan théorique à ce genre d'exercices.

Je suis un peu plus réservé dans la pratique, où je ne suis pas sûr que les avantages l'emportent sur les inconvénients : j'y retrouve la question crépusculaire infligée par l'ordinateur, les charades proposées à défaut de rébus, les chemins balisés par Mnémosyne pour en épargner la réitération, la tâche infinie assignée au correcteur d'épreuves : porter le texte à faire retour sur soi, est-ce la meilleure façon de s'y prendre pour éviter qu'il vous écrase ?

Peut-être, en changeant d'alphabet...

❧

KOHE...

LE MOT DE LA FIN est indicible, interminable.

Les serpents ont le privilège de changer de peau comme nous de chemise : certains, au reste à moitié oiseaux, vont jusqu'à griller de l'espoir de renaître chaque fois de leurs cendres.

La cohésion, elle, a la peau dure : à la fin, il y a de quoi être las de ces *moi* anciens.

Couper et coller sont des opérations lassantes, et si le corps morcelé est un corps d'écriture, combien de pièces, en corps 10, corps 12, 14, 67, ou autant qu'on voudra, faut-il pour faire un *corpus*, un trousseau, une machine ?

Que reste-il après tout ?

Au bout du trousseau, le Cyrillique est loin d'être le terme : j'aperçois encore, par exemple, en d'autres caractères, Cyzique – ô Diogène, que vas-tu chercher sur le Pont, qui cherche-t-on, te trouverai-je ? – plus loin encore, moins propre, sinon vraiment commun, le Czar.

Quand à l'exécution de ce qui n'a fait que s'ébaucher, les Exocets me rappellent trop les Stukas de mai 40, et donc l'Exode, peut-on, après tant d'épreuves mal corrigées, s'exonérer des traces accumulées, et comment ? – l'exorcisme n'est pas une panacée, il ne s'explique pas, et on ne sait à quoi l'on s'expose : ne s'ensuivra nulle exquise extase, – terminer et exterminer, cela fait deux, et il n'y a pas de quoi exulter, – reste, oui, tel un serpent, plutôt que de se mordre et remordre la queue, à tenter de faire peau neuve : au diable les dépouilles ! – mais qui voudra me suivre jusque là ?

Dans l'attente d'une solution finale, on peut toujours, en guise de phase terminale, essayer de rétablir la cohérence du texte – mais, une fois encore, que de pièces et de morceaux à recoller ! est-on jamais sûr d'être au bout ?

Si le czar, c'est toujours le XIXe siècle, l'on fabrique et distribue aujourd'hui d'excellents adhésifs, indélébiles, inodores, invisibles, incorruptibles, indolores si l'on sait s'en servir.

Quant à l'éternité, et ses suites, ne nous berçons pas d'illusions : une fois qu'on s'est dépouillé de ce qu'on a sur le corps, il n'y a, si l'on écarte tout ce qui n'est pas commun : médecin laconique pour âmes bavardes, grottes préhistoriques, prophètes, retombées et séquelles de testaments trop anciens et trop crus pour être respectables — rien.

Vivement le troisième millénaire !

INDEX

N. B. – Nous n'avons pas cru devoir céder aux instances amicales d'un des premiers lecteurs de ce recueil qui, ayant cru y déceler la présence latente d'autres textes, philosophiques en particulier, nous pressait d'en donner la liste des références en un appendice qui fournît à d'autres lecteurs éventuels les clés leur permettant d'accéder à la compréhension de plus d'un passage : outre le caractère fastidieux, pour nous, de la confection de cet *Elenchus*, et, pour eux, de sa consultation, il nous a semblé qu'un tel repérage, forcément incomplet, serait, ne fût-ce que pour cette raison, profondément arbitraire, et subjectif, et nous avons préféré laisser à chacun sa pleine liberté de lecture, et toute la responsabilité de son interprétation, voire de sa recherche.

Plutôt que la remise d'un livre clés en main, ou que, plus sommairement, la livraison avec lui d'un trousseau d'ébauches de clés, cette suggestion nous a en revanche donné à penser – ce en quoi nous tenons à remercier vivement notre ami de l'avoir formulée – qu'il pourrait être utile à ses lecteurs, pour en repérer plus rapidement les itinéraires et pérégrinations, de disposer d'un appareil à en tailler les clés, sous la forme d'un index strictement objectif des noms propres et apparentés qui s'y rencontrent : personnes, lieux, bâtiments, titres d'œuvres littéraires ou musicales, etc., établi en toute neutralité, comme pourrait le faire un ordinateur d'intelligence moyenne, ou guère davantage, à partir des seules données explicites figurant indiscutablement dans le texte, enrichies seulement, à l'occasion, de celles qui se tirent sans équivoque du contexte immédiat ou proche, et des associations de notoriété publique.

Tel se veut l'index qu'on trouvera ici.

Table

Achevé d'imprimer en novembre 1999
sur les presses de l'imprimerie du Pré Battoir
(42220 St-Julien-Molin-Molette),
et façonné par Ets. Alain (07340 Félines),
pour le compte des éditions
encre marine
Fougères, 42220 La Versanne,
selon une maquette fournie par leurs soins.
Dépôt légal : novembre 1999
ISBN : 2-909422-40-2